LA REINE
MARGOT

PAR

ALEXANDRE DUMAS.

4

PARIS
MICHEL LÉVY FRÈRES, ÉDITEURS, | PÉTION, ÉDITEUR,
1, rue Vivienne. | 11, rue du Jardinet.

1847

LA REINE MARGOT.

Librairie de Pétion.

LES TROIS MOUSQUETAIRES,
Par Alexandre Dumas.

VINGT ANS APRÈS.
Par Alexandre Dumas.

LE COMTE
DE MONTE-CRISTO
Par Alexandre Dumas.

SANS DOT
Par madame Charles Reybaud.

Le Gentilhomme campagnard
Par Charles de Bernard.

LE COQ DU CLOCHER.
Par l'auteur de JÉRÔME PATUROT.

MADAME JEAN.
Par J.-M. Brisset.

LE CHATEAU D'AUVERGNE,
Par Élie Berthet.

LA DAME DE MONSOREAU
Par Alexandre Dumas.

LA VIE DE SOLDAT
ou les Casernes de Paris,
Par ÉMILE MARCO DE SAINT-HILAIRE.

LE DERNIER COLONEL
Par JULES DE SAINT-FÉLIX.

Une Nuit dans les Bois
Par PAUL LACROIX.

Imprimerie de E. Dépée, à Sceaux (Seine.)

Ⓒ

LA REINE
MARGOT

PAR

ALEXANDRE DUMAS.

4

PARIS
MICHEL LÉVY FRÈRES, ÉDITEURS, | PÉTION, ÉDITEUR,
1, rue Vivienne. | 11, rue du Jardinet.

1847

I

Maurevel.

Pendant que toute cette jeunesse joyeuse et insouciante, en apparence du moins, se répandait comme un tourbillon doré sur la route de Bondy, Catherine, roulant le parchemin précieux sur lequel le roi Charles venait d'apposer sa signature, faisait introduire dans son cabinet l'homme à qui son capitaine des gardes avait porté, quelques jours auparavant, une lettre rue de la Cerisaie, quartier de l'Arsenal.

Une large bande de taffetas, pareil à un sceau mortuaire, cachetait un des yeux de cet homme, découvrant seulement l'autre œil, et laissant voir entre deux pommettes saillantes la courbure d'un nez de vautour, tandis qu'une barbe grisonnante lui couvrait le bas du visage. Il était vêtu d'un manteau long et épais, sous lequel on devinait tout un arsenal. En outre il portait au côté, quoique ce ne fût point l'habitude des gens appelés à la cour, une épée de campagne longue, large et à double coquille. Une de ses mains était cachée et ne quittait point sous son manteau le manche d'un long poignard.

— Ah! vous voici, Monsieur, dit la reine en s'asseyant, vous savez que je vous ai promis après la Saint-Barthélemy, où vous nous avez rendu de si signalés services, de ne pas vous laisser dans l'inaction. L'occasion se présente, ou plutôt, non, je l'ai fait naître. Remerciez-moi donc.

— Madame, je remercie humblement Votre Majesté, répondit l'homme au bandeau noir, avec une réserve basse et insolente à la fois.

— Une belle occasion, Monsieur, comme vous n'en trouverez pas deux dans votre vie. profitez-en donc.

— J'attends, Madame; seulement je crains, d'après le préambule...

— Que la commission ne soit violente ? N'est-ce pas des ces commissions-là que sont friands ceux qui veulent s'avancer ? Celle dont je vous parle serait enviée par les Tavannes et par les Guises même.

— Ah! Madame, reprit l'homme, croyez bien, quelle qu'elle soit, que je suis aux ordres de Votre Majesté.

— En ce cas, lisez, dit Catherine.

Et elle lui présenta le parchemin.

L'homme le parcourut et pâlit.

— Quoi! s'écria-t-il, l'ordre d'arrêter le roi de Navarre.

— Eh bien! qu'y a-t-il d'extraordinaire à cela?

— Mais un roi, Madame! En vérité, je doute, je crains de n'être pas assez bon gentilhomme.

— Ma confiance vous fait le premier gentilhomme de ma cour, Monsieur de Maurevel, dit Catherine.

— Grâces soient rendues à Votre Majesté, dit l'assassin si ému qu'il paraissait hésiter.

— Vous obéirez donc?

— Si Votre Majesté le commande, n'est-ce pas mon devoir?

— Oui, je le commande.

— Alors j'obéirai.

— Comment vous y prendrez-vous?

— Mais je ne sais pas trop, Madame, et je désirerais fort être guidé par Votre Majesté.

— Vous redoutez le bruit ?

— Je l'avoue.

— Prenez douze hommes sûrs, plus s'il le faut.

— Sans doute, je le comprends. Votre Majesté me permet de prendre mes avantages et je lui en suis reconnaissant ; mais où saisirai-je le roi de Navarre ?

— Où vous plairait-il mieux de le saisir ?

— Dans un lieu qui, par sa majesté même, me garantît, s'il était possible.

— Oui, je comprends, dans quelque palais royal ; que diriez-vous du Louvre, par exemple ?

— Oh ! si Votre Majesté me le permettait, ce serait une grande faveur !

— Vous l'arrêterez donc dans le Louvre.

— Et dans quelle partie du Louvre ?

— Dans sa chambre même.

Maurevel s'inclina.

— Et quand cela, Madame ?

— Ce soir, ou plutôt cette nuit.

— Bien, Madame. Maintenant que Votre Majesté daigne me renseigner sur une seule chose ?

— Sur laquelle ?

— Sur les égards dus à sa qualité.

— Égards !..... qualité !..... dit Catherine. Mais vous ignorez donc, Monsieur, que le roi de France ne doit des égards à qui que ce soit dans son royaume, ne reconnaissant personne dont la qualité soit égale à la sienne?

Maurevel fit une seconde révérence.

— J'insisterai sur ce point cependant, Madame, dit-il, si toutefois Votre Majesté le permet.

— Je le permets, Monsieur.

— Si le roi contestait l'authenticité de l'ordre, ce n'est pas probable, mais enfin...

— Au contraire, Monsieur, c'est sûr.

— Il contestera?

— Sans aucun doute.

— Et par conséquent il refusera d'y obéir?

— Je le crains.

— Et il résistera ?

— C'est probable.

— Ah ! diable ! dit Maurevel ; et dans ce cas ?...

— Dans quel cas ? dit Catherine avec son regard fixe.

— Mais dans le cas où il résisterait, que faut-il faire ?

— Que faites-vous quand vous êtes chargé d'un ordre du roi, c'est-à-dire quand vous représentez le roi, et qu'on vous résiste, Monsieur de Maurevel ?

— Mais, Madame, dit le sbire, quand je suis honoré d'un pareil ordre, et qu'un ordre concerne un simple gentilhomme, je le tue.

— Je vous ai dit, Monsieur, reprit Catherine, et je ne croyais pas qu'il y eût assez longtemps pour que vous l'eussiez déjà oublié, que le roi de France ne reconnaissait aucune qualité dans son royaume ; c'est vous dire que le roi de France seul est roi, et qu'auprès de lui les plus grands sont de simples gentilshommes.

Maurevel pâlit, car il commençait à comprendre.

— Oh ! oh ! dit-il, tuer le roi de Navarre ?...

— Mais qui vous parle donc de le tuer ? où est l'ordre de le tuer ? Le roi veut qu'on le mène à la Bastille, et l'ordre ne porte que cela. Qu'il se laisse arrêter très bien ; mais comme il ne se laissera pas arrêter, comme il résistera, comme il essaiera de vous tuer...

Maurevel pâlit.

— Vous vous défendrez, continua Catherine. On ne peut pas demander à un vaillant comme vous de se laisser tuer sans se défendre ; et en vous défendant, que voulez-vous ? arrive qu'arrive. Vous me comprenez, n'est-ce pas ?

— Oui, Madame, mais cependant...

— Allons, vous voulez qu'après ces mots : *Ordre d'arrêter*, j'écrive de ma main : *mort ou vif?*

— J'avoue, Madame, que cela lèverait mes scrupules.

— Voyons, il le faut bien puisque vous ne croyez pas la commission exécutable sans cela.

Et Catherine, en haussant les épaules, déroula le parchemin d'une main, et de l'autre écrivit : *mort ou vif.*

— Tenez, dit-elle, trouvez-vous l'ordre suffisamment en règle, maintenant ?

— Oui, Madame, répondit Maurevel ; mais je prie Votre Majesté de me laisser l'entière disposition de l'entreprise.

— En quoi, ce que j'ai dit nuit-il donc à son exécution ?

— Votre Majesté m'a dit de prendre douze hommes ?

— Oui ; pour être plus sûr...

— Eh bien! je demanderais la permission de n'en prendre que six.

— Pourquoi cela ?

— Parce que, Madame, s'il arrivait malheur au prince, comme la chose est probable, on excuserait facilement six hommes d'avoir eu peur de manquer un prisonnier, tandis que personne n'excuserait douze gardes de n'avoir pas laissé tuer la moitié de leurs camarades avant de porter la main sur une Majesté.

— Belle Majesté, ma foi! qui n'a pas de royaume.

— Madame, dit Maurevel, ce n'est pas le royaume qui fait le roi, c'est la naissance.

— Eh bien donc, dit Catherine, faites

comme il vous plaira. Seulement je dois vous prévenir que je désire que vous ne quittiez point le Louvre.

— Mais Madame, pour réunir mes hommes?...

— Vous avez bien une espèce de sergent que vous puissiez charger de ce soin?

— J'ai mon laquais, qui non seulement est un garçon fidèle, mais qui même m'a quelquefois aidé dans ces sortes d'entreprises.

— Envoyez-le chercher et concertez-vous avec lui. Vous connaissez le cabinet des armes du roi, n'est-ce pas? eh bien! on va vous servir là à déjeuner; là vous donnerez vos ordres. Le lieu raffermira vos sens s'ils étaient ébranlés. Puis, quand mon fils reviendra de la chasse, vous passerez dans mon oratoire, où vous attendrez l'heure.

— Mais comment entrerons-nous dans la chambre ? Le roi a sans doute quelque soupçon, et il s'enfermera en dedans.

— J'ai une double clé de toutes les portes, dit Catherine, et on a enlevé les verrous de celle de Henri. Adieu, Monsieur de Maurevel; à tantôt. Je vais vous faire conduire dans le cabinet des armes du roi. Ah! à propos! rappelez-vous que ce qu'un roi ordonne doit, avant toute chose, être exécuté; qu'aucune excuse n'est admise; qu'une défaite, même un insuccès, compromettrait l'honneur du roi. C'est grave.

Et Catherine, sans laisser à Maurevel le temps de lui répondre, appela M. de Nancey, capitaine des gardes, et lui ordonna de conduire Maurevel dans le cabinet des armes du roi.

— Mordieu! disait Maurevel en suivant son guide, je m'élève dans la hiérarchie de l'assassinat : d'un simple gentilhomme à un capitaine; — d'un capitaine à un amiral; — d'un amiral à un roi sans couronne. Et qui sait si je n'arriverai pas un jour à un roi couronné!...

II

La chasse à courre.

Le piqueur, qui avait détourné le sanglier et qui avait affirmé au roi que l'animal n'avait pas quitté l'enceinte, ne s'était pas trompé. A peine le limier fut-il mis sur la trace, qu'il s'enfonça dans le taillis et que, d'un massif d'épines, il fit sortir le sanglier, qui, ainsi que le piqueur l'avait reconnu à ses voies, était un solitaire, c'est-à-dire une bête de la plus forte taille.

L'animal piqua droit devant lui et traversa la route à cinquante pas du roi, suivi seulement du limier qui l'avait détourné. On découpla aussitôt un premier relais, et une vingtaine de chiens s'enfoncèrent à sa poursuite.

La chasse était la passion de Charles. A peine l'animal eut-il traversé la route qu'il s'élança derrière lui, sonnant la vue, suivi du duc d'Alençon et de Henri, à qui un signe de Marguerite avait indiqué qu'il ne devait point quitter Charles.

— Tous les autres chasseurs suivirent le roi.

Les forêts royales étaient loin, à l'époque

où se passe l'histoire que nous racontons, d'être, comme elles le sont aujourd'hui, de grands parcs coupés par des allées carrossables. Alors, l'exploitation était à peu près nulle. Les rois n'avaient pas encore eu l'idée de se faire commerçants et de diviser leurs bois en coupes, en taillis et en futaies. Les arbres, semés, non point par de savants forestiers, mais par la main de Dieu, qui jetait la graine au caprice du vent, n'étaient pas disposés en quinconces, mais poussaient à leur loisir, et comme il font encore aujourd'hui dans une forêt vierge de l'Amérique. Bref, une forêt, à cette époque, était un repaire où il y avait à foison du sanglier, du cerf, du loup et des voleurs; et une douzaine de sentiers seulement, partant d'un point, étoilaient celle de Bondy, qu'une route circulaire enveloppait comme le cercle de la roue enveloppe les jantes.

En poussant la comparaison plus loin, le moyen ne représenterait pas mal l'unique carrefour situé au centre du bois, et où les chasseurs égarés se ralliaient, pour s'élancer de là vers le point où la chasse perdue reparaissait.

Au bout d'un quart-d'heure, il arriva ce qui arrivait toujours en pareil cas : c'est que des obstacles presque insurmontables s'étant opposés à la course des chasseurs, les voix des chiens s'étaient éteintes dans le lointain, et le roi lui-même était revenu au carrefour, jurant et sacrant, comme c'était son habitude.

— Eh bien ! d'Alençon, eh bien ! Henriot,

dit-il, vous voilà, mordieu, calmes et tranquilles comme des religieuses qui suivent leur abbesse. Voyez-vous, ça ne s'appelle point chasser, cela. Vous, d'Alençon, vous avez l'air de sortir d'une boîte, et vous êtes tellement parfumé que si vous passez entre la bête et mes chiens vous êtes capable de leur faire perdre la voie. Et vous, Henriot, où est votre épieu, où est votre arquebuse? voyons.

— Sire, dit Henri, à quoi bon une arquebuse? Je sais que Votre Majesté aime tirer l'animal quand il tient aux chiens. Quant à un épieu, je manie assez maladroitement cette arme, qui n'est point d'usage dans nos montagnes, où nous chassons l'ours avec le simple poignard.

— Par là mordieu, Henri, quand vous serez retourné dans vos Pyrénées, il faudra que vous m'envoyiez une pleine charretée d'ours, — car ce doit être une belle chasse que celle qui se fait ainsi corps à corps avec un animal qui peut nous étouffer. — Écoutez donc, je crois que j'entends les chiens. Non, je me trompais.

Le roi prit son cor et sonna une fanfare. Plusieurs fanfares lui répondirent. Tout-à-coup un piqueur parut qui fit entendre un autre air.

— La vue ! la vue ! cria le roi.

Et il s'élança au galop, suivi de tous les chasseurs qui s'étaient ralliés à lui.

Le piqueur ne s'était pas trompé. A mesure que le roi s'avançait, on commençait d'entendre les aboiements de la meute, composée alors de plus de soixante chiens, car on avait successivement lâché tous les relais placés dans les endroits que le sanglier avait déjà parcourus. Le roi le vit passer pour la seconde fois, et, profitant d'une haute futaie, il se jeta sous bois après lui, donnant du cor de toutes ses forces.

Les princes le suivirent quelque temps. Mais le roi avait un cheval si vigoureux, emporté par son ardeur il passait par des chemins tellement escarpés, par des taillis si épais, que d'abord les femmes, puis le duc de Guise et ses gentilshommes, puis les deux princes, furent forcés de l'abandonner. Tavannes tint encore quelque temps; mais enfin il y renonça à son tour.

Tout le monde, excepté Charles et quelques piqueurs qui, excités par une récompense promise, ne voulaient pas quitter le roi, se retrouva donc dans les environs du carrefour.

Les deux princes étaient l'un près de l'autre dans une longue allée. A cent pas d'eux, le duc de Guise et ses gentilshommes avaient fait halte. Au carrefour se tenaient les femmes.

— Ne semblerait-il pas, en vérité, dit le duc d'Alençon à Henri, en lui montrant du coin de l'œil le duc de Guise, que cet homme avec son escorte bardée de fer est le véritable roi? Pauvres princes que nous sommes, il ne nous honore pas même d'un regard.

— Pourquoi nous traiterait-il mieux que ne nous traitent nos propres parents? répondit Henri. Eh! mon frère! ne sommes-nous pas, vous et moi, des prisonniers à la cour de France, des ôtages de notre parti?

Le duc François tressaillit à ces mots et regarda Henri comme pour provoquer une plus large explication; mais Henri s'était plus avancé qu'il n'avait coutume de le faire, et il garda le silence.

— Que voulez-vous dire, Henri? demanda le duc François, visiblement contrarié que son beau-frère, en ne continuant pas, le laissât entamer ces éclaircissements.

— Je dis, mon frère, reprit Henri, que ces hommes si bien armés, qui semblent avoir reçu pour tâche de ne point nous perdre de vue, ont tout l'aspect de gardes qui prétendraient empêcher deux personnes de s'échapper.

— S'échapper, pourquoi, comment? demanda d'Alençon en jouant admirablement la surprise et la naïveté.

— Vous avez là un magnifique genêt, François, dit Henri poursuivant sa pensée tout en ayant l'air de changer de conversation ; je suis sûr qu'il ferait sept lieues en une heure, et vingt lieues d'ici à midi. Il fait beau ; cela invite, sur ma parole, à baiser la main. Voyez donc le joli chemin de traverse. Est-ce qu'il ne vous tente pas, François ? Quant à moi, l'éperon me brûle.

François ne répondit rien. Seulement il rougit et pâlit successivement ; puis il tendit l'oreille comme s'il écoutait la chasse.

— La nouvelle de Pologne fait son effet, dit Henri, et mon cher beau-frère a son plan. Il voudrait bien que je me sauvasse, mais je ne me sauverai pas seul.

Il achevait à peine cette réflexion quand plusieurs nouveaux convertis, revenus à la cour depuis deux ou trois mois, arrivèrent au petit galop et saluèrent les deux princes avec un sourire des plus engageants.

Le duc d'Alençon, provoqué par les ouvertures de Henri, n'avait qu'un mot à dire, qu'un geste à faire, et il était évident que trente ou quarante cavaliers réunis en ce moment autour d'eux comme pour faire opposition à la troupe de M. de Guise favoriseraient sa fuite; mais il détourna la tête, et portant son cor à sa bouche, il sonna le ralliement.

Cependant les nouveaux venus, comme s'ils eussent cru que l'hésitation du duc d'Alençon venait du voisinage et de la présence des Guisards, s'étaient peu à peu glissés entre eux et les deux princes, et s'étaient échelonnés avec une habileté stratégique qui annonçait l'habitude des dispositions militaires. En effet, pour arriver au duc d'Alençon et au roi de Navarre, il eût fallu leur passer sur le corps, tandis qu'à perte de vue s'étendait devant les deux frères une route parfaitement libre.

Tout à coup entre les arbres, à dix pas du roi de Navarre, apparut un autre gentilhomme que les deux princes n'avaient pas encore vu. Henri cherchait à deviner qui il était, quand ce gentilhomme, soulevant son chapeau, se fit reconnaître à Henri pour le vicomte de Turenne, un des chefs du parti protestant que l'on croyait en Poitou.

Le vicomte hasarda même un signe qui voulait clairement dire :

— Venez-vous ?

Mais Henri, après avoir bien consulté le visage impassible et l'œil terne du duc d'Alençon, tourna deux ou trois fois la tête sur son épaule comme si quelque chose le gênait dans le col de son pourpoint.

C'était une réponse négative. Le vicomte la comprit, piqua des deux et disparut dans le fourré.

Au même instant on entendit la meute se

rapprocher, puis, à l'extrémité de l'allée où l'on se trouvait, on vit passer le sanglier, puis au même instant les chiens, puis, pareil au chasseur infernal, Charles IX sans chapeau, le cor à la bouche, sonnant à se briser les poumons; trois ou quatre piqueurs le suivaient. Tavannes avait disparu.

— Le roi! s'écria le duc d'Alençon, et il s'élança sur la trace.

Henri, rassuré par la présence de ses bons amis, leur fit signe de ne pas s'éloigner et s'avança vers les dames.

— Eh bien! dit Marguerite en faisant quelques pas au-devant de lui.

— Eh bien! Madame, dit Henri, nous chassons le sanglier.

— Voilà tout ?

— Oui, le vent a tourné depuis hier matin ; mais je crois vous avoir prédit que cela serait ainsi.

— Ces changements de vent sont mauvais pour la chasse, n'est-ce pas, Monsieur? demanda Marguerite.

— Oui, dit Henri ; cela bouleverse quelquefois toutes les dispositions arrêtées, et c'est un plan à refaire.

En ce moment les aboiements de la meute commencèrent à se faire entendre, se rapprochant rappidement, et une sorte de vapeur tumultueuse avertit les chasseurs de se tenir sur leurs gardes. Chacun leva la tête et tendit l'oreille.

Presque aussitôt, le sanglier déboucha, et au lieu de se rejeter dans le bois, il suivit la route venant droit sur le carrefour où se trouvaient les dames, les gentilshommes qui leur faisaient la cour, et les chasseurs qui avaient perdu la chasse.

Derrière lui et lui soufflant au poil, venaient trente ou quarante chiens des plus robustes, puis derrière les chiens, à vingt pas à peine, le roi Charles sans toquet, sans manteau, avec ses habits tout déchirés par les épines, le visage et les mains en sang.

Un ou deux piqueurs restaient seuls avec lui.

Le roi ne quittait son cor que pour exciter ses chiens, ne cessait d'exciter ses chiens que pour reprendre son cor. Le monde tout entier avait disparu à ses yeux. Si son cheval eût manqué, il eût crié comme Richard III : Ma couronne pour un cheval !

Mais le cheval paraissait aussi ardent que le maître, ses pieds ne touchaient pas la terre et ses naseaux soufflaient le feu.

Le sanglier, les chiens, le roi passèrent comme une vision.

— Hallali, hallali ! cria le roi en passant ; et il ramena son cor à ses lèvres sanglantes.

A quelques pas de lui venaient le duc d'Alençon et deux piqueurs ; seulement les chevaux des autres avaient renoncé, où ils s'étaient perdus.

Tout le monde partit sur la trace, car il était évident que le sanglier ne tarderait pas à tenir.

En effet, au bout de dix minutes à peine, le sanglier quitta le sentier qu'il suivait et se jeta dans le bois ; mais, arrivé à une clairière, il s'accula à une roche et fit tête aux chiens.

Aux cris de Charles, qui l'avait suivi, tout le monde accourut.

On était arrivé au moment intéressant de la chasse. L'animal paraissait résolu à une défense désespérée. Les chiens, animés par une course de plus de trois heures, se ruaient sur lui avec un acharnement que redoublaient les cris et les jurons du roi.

Tous les chasseurs se rangèrent en cercle, le roi un peu en avant, ayant derrière lui le duc d'Alençon armé d'une arquebuse, et Henri qui n'avait que son simple couteau de chasse.

Le duc d'Alençon détacha son arquebuse du crochet et en alluma la mèche. Henri fit jouer son couteau de chasse dans le fourreau.

Quant au duc de Guise, assez dédaigneux de tous ces exercices de vénerie, il se tenait un peu à l'écart avec tous ses gentilshommes.

Les femmes réunies en groupe formaient une petit troupe qui faisait le pendant à celle du duc de Guise.

Tout ce qui était chasseur demeurait les yeux fixés sur l'animal, dans une attente pleine d'anxiété.

A l'écart se tenait un piqueur se roidissant pour résister aux deux molosses du roi, qui, couverts de leurs jaques de mailles, attendaient, en hurlant et en s'élançant de manière à faire croire à chaque instant qu'ils allaient briser leurs chaînes, le moment de coiffer le sanglier.

L'animal faisait merveille ; attaqué à la fois par une quarantaine de chiens qui l'enveloppaient comme une marée hurlante, qui le recouvraient de leur tapis bigarré, qui de tous côtés essayaient d'entamer sa peau rugueuse aux poils hérissés, à chaque coup de boutoir il lançait à dix pieds de haut un chien, qui retombait éventré, et qui, les entrailles traînantes, se rejetait aussitôt dans la mêlée, tandis que Charles, les cheveux roidis, les yeux enflammés, les narines ouvertes, courbé sur le cou de son cheval ruisselant, sonnait un hallali furieux.

En moins de dix minutes, vingt chiens furent hors de combat.

— Les dogues! cria Charles, les dogues!...

A ce cri le piqueur ouvrit les porte-mousquetons des laisses, et les deux molosses se ruèrent au milieu du carnage, renversant tout, écartant tout, se frayant avec leurs cottes de fer un chemin jusqu'à l'animal, qu'ils saisirent chacun par une oreille.

Le sanglier, se sentant coiffé, fit claquer ses dents à la fois de rage et de douleur.

— Bravo, Duredent! bravo, Risquetout! cria Charles. Courage, les chiens! un épieu! un épieu!

— Vous ne voulez pas mon arquebuse? dit le duc d'Alençon.

— Non, cria le roi, non, on ne sent pas entrer la balle, il n'y a pas de plaisir; tandis qu'on sent entrer l'épieu. Un épieu! un épieu!

On présenta au roi un épieu de chasse durci au feu et armé d'une pointe de fer.

— Mon frère, prenez garde ! cria Marguerite.

— Sus ! sus ! Sire ! cria la duchesse de Nevers. Ne le manquez, pas, Sire ! Un bon coup à ce parpaillot !

— Soyez tranquille, duchesse ! dit Charles.

Et, mettant son épieu en arrêt, il fondit sur le sanglier, qui, tenu par les deux chiens, ne put éviter le coup. Cependant, à la vue de l'épieu luisant, il fit un mouvement de côté, et l'arme, au lieu de pénétrer dans la poitrine, glissa sur l'épaule et alla s'émousser sur la roche contre laquelle l'animal était acculé.

— Mille noms d'un diable ! cria le roi, je l'ai manqué... Un épieu ! un épieu !

Et, se reculant comme faisaient les chevaliers lorsqu'ils prenaient du champ, il jeta à dix pas de lui son épieu hors de service.

Un piqueur s'avança pour lui en offrir un autre.

Mais au même moment, comme s'il eût prévu le sort qui l'attendait, et qu'il eût voulu s'y soustraire, le sanglier, par un violent effort, arracha aux dents des molosses ses deux oreilles déchirées, et, les yeux sanglants, hérissé, hideux, l'haleine bruyante comme un soufflet de forge, faisant claquer ses dents l'une contre l'autre, il s'élança, la tête basse, vers le cheval du roi.

Charles était trop bon chasseur pour ne pas avoir prévu cette attaque. Il enleva son cheval, qui se cabra ; mais il avait mal mesuré la pression : le cheval, trop serré par le mors ou peut-être même cédant à son épouvante, se renversa en arrière.

Tous les spectateurs jetèrent un cri terrible : le cheval était tombé, et le roi avait la cuisse engagée sous lui.

— La main, Sire, rendez la main, dit Henri.

Le roi lâcha la bride de son cheval, saisit la selle de sa main gauche, essayant de tirer de la droite son couteau de chasse ; mais le couteau, pressé par le poids de son corps, ne voulut pas sortir de sa gaîne.

— Le sanglier, le sanglier ! cria Charles. A moi d'Alençon ! à moi !

Cependant le cheval, rendu à lui-même, comme s'il eût compris le danger que courait son maître, tendit ses muscles et était parvenu déjà à se relever sur trois jambes. lorsqu'à l'appel de son frère, Henri vit le duc François pâlir affreusement et approcher l'arquebuse de son épaule : mais la balle, au lieu d'aller frapper le sanglier, qui n'était plus qu'à deux pas du roi, brisa le genou du cheval, qui retomba le nez contre terre.

Au même instant le sanglier déchira de son boutoir la botte de Charles.

— Oh ! murmura d'Alençon de ses lèvres blémissantes, je crois que le duc d'Anjou est roi de France et que, moi, je suis roi de Pologne.

En effet le sanglier labourait la cuisse de Charles, lorsque celui-ci sentit quelqu'un qui lui levait le bras, puis il vit briller une lame aigüe et tranchante qui s'enfonçait et disparaissait jusqu'à la garde au défaut de l'épaule de l'animal, tandis qu'une main gantée de fer écartait la hure déjà fumante sous ses habits.

Charles, qui dans le mouvement qu'avait fait le cheval, était parvenu à dégager sa jambe, se releva lourdement, et, se voyant tout ruisselant de sang, devint pâle comme un cadavre.

— Sire, dit Henri, qui toujours à genoux

maintenait le sanglier atteint au cœur, Sire, ce n'est rien, j'ai écarté la dent, et Votre Majesté n'est pas blessée.

Puis il se releva, lâchant le couteau, et le sanglier tomba rendant plus de sang encore par sa gueule que par sa plaie.

Charles, entouré de tout un monde haletant, assailli par des cris de terreur qui eussent étourdi le plus calme courage, fut un moment sur le point de tomber près de l'animal agonisant. Mais il se remit; et se retournant vers le roi de Navarre, il lui serra la main avec un regard où brillait le premier élan de sensibilité qui eût fait battre son cœur depuis vingt-quatre ans.

— Merci, Henriot! lui dit-il.

— Mon pauvre frère! s'écria d'Alençon en s'approchant de Charles.

— Ah! c'est toi, d'Alençon! dit le roi. Eh bien, fameux tireur, qu'est donc devenue ta balle?

— Elle se sera aplatie sur le sanglier, dit le duc.

— Eh! mon Dieu! s'écria Henri avec une surprise admirablement jouée, voyez donc, François, votre balle a cassé la jambe du cheval de Sa Majesté. C'est étrange!

— Hein! dit le roi. Est-ce vrai, cela?

— C'est possible, dit le duc consterné; la main me tremblait si fort!

— Le fait est que, pour un tireur habile, vous avez fait là un singulier coup, François ! dit Charles en fronçant le sourcil. Une seconde fois, merci, Henriot ! Messieurs, continua le roi, retournons à Paris, j'en ai assez comme cela.

Marguerite s'approcha pour féliciter Henri.

— Ah ! ma foi, oui, Margot, dit Charles, fais-lui ton compliment, et bien sincère même, car sans lui le roi de France s'appelait Henri III.

— Hélas ! Madame, dit le Béarnais, M. le duc d'Anjou, qui est déjà mon ennemi, va m'en vouloir bien davantage. Mais que voulez-vous, on fait ce qu'on peut ; demandez à M. d'Alençon.

Et, se baissant, il retira du corps du sanglier son couteau de chasse, qu'il plongea deux ou trois fois dans la terre, afin d'en essuyer le sang.

III

Fraternité.

En sauvant la vie de Charles, Henri avait fait plus que sauver la vie d'un homme; il avait empêché trois royaumes de changer de souverains.

En effet, Charles IX tué, le duc d'Anjou devenait roi de France, et le duc d'Alençon, selon toute probabilité, devenait roi de

Pologne. Quant à la Navarre, comme M. le duc d'Anjou était l'amant de madame de Condé, sa couronne eût probablement payé au mari la complaisance de la femme.

— Or, dans tout ce grand bouleversement il n'arrivait rien de bon pour Henri. Il changeait de maître, voilà tout; et au lieu de Charles IX, qui le tolérait, il voyait monter au trône de France le duc d'Anjou, qui, n'ayant avec sa mère Catherine qu'un cœur et qu'une tête, avait juré sa mort et ne manquerait pas de tenir son serment.

Toutes ces idées s'étaient présentées à la fois à son esprit quand le sanglier s'était élancé sur Charles IX, et nous avons vu ce qui était résulté de cette réflexion rapide comme l'éclair, qu'à la vie de Charles IX était attachée sa propre vie.

Charles IX avait été sauvé par un dévoûment dont il était impossible au roi de comprendre le motif.

Mais Marguerite avait tout compris, et elle avait admiré ce courage étrange de Henri qui, pareil à l'éclair, ne brillait que dans l'orage.

Malheureusement ce n'était pas le tout que d'avoir échappé au règne du duc d'Anjou, il fallait se faire roi soi-même. Il fallait disputer la Navarre au duc d'Alençon et au prince de Condé ; il fallait surtout quitter cette cour où l'on ne marchait qu'entre deux précipices, et la quitter protégé par un fils de France.

Henri, tout en revenant de Bondy, réfléchit profondément à la situation. En arrivant au Louvre, son plan était fait.

Sans se débotter, tel qu'il était, tout poudreux et tout sanglant encore, il se rendit chez le duc d'Alençon, qu'il trouva fort agité et se promenant à grands pas dans sa chambre.

En l'apercevant, le prince fit un mouvement.

— Oui, lui dit Henri en lui prenant les deux mains, oui, je comprends, mon bon frère, vous m'en voulez de ce que le premier j'ai fait remarquer au roi que votre balle avait frappé la jambe de son cheval, au lieu d'aller frapper le sanglier, comme c'était votre intention. Mais que voulez-vous? je n'ai pu retenir une exclamation de surprise. D'ailleurs le roi s'en fût toujours aperçu, n'est-ce pas?

— Sans doute, sans doute, murmura d'Alençon. Mais je ne puis cependant attribuer qu'à mauvaise intention cette espèce de dénonciation que vous avez faite, et qui, vous l'avez vu, n'a pas eu un résultat moindre que de faire suspecter à mon frère Charles mes intentions, et de jeter un nuage entre nous.

— Nous reviendrons là-dessus tout à l'heure; et quant à la bonne ou à la mauvaise intention que j'ai à votre égard, je viens exprès auprès de vous pour vous en faire juge.

— Bien! dit d'Alençon avec sa réserve ordinaire; parlez, Henri, je vous écoute.

— Quand j'aurai parlé, François, vous verrez bien quelles sont mes intentions, car la confidence que je viens vous faire exclut toute réserve et toute prudence; et, quand je vous l'aurai faite, d'un mot, d'un seul mot vous pourrez me perdre!

— Qu'est-ce donc? dit François, qui commençait à se troubler.

— Et cependant, continua Henri, j'ai

hésité longtemps à vous parler de la chose qui m'amène, surtout après la façon dont vous avez fait la sourde oreille aujourd'hui.

— En vérité, dit François en pâlissant, je ne sais pas ce que vous voulez dire, Henri.

— Mon frère, vos intérêts me sont trop chers pour que je ne vous avertisse pas que les huguenots ont fait faire près de moi des démarches.

— Des démarches! demanda d'Alençon, et quelles démarches?

— L'un d'eux, M. de Mouy de Saint-Phal, le fils du brave de Mouy assassiné par Maurevel, vous savez...

— Oui.

— Eh bien ! il est venu me trouver au risque de sa vie pour me démontrer que j'étais en captivité.

— Ah ! vraiment ! et que lui avez-vous répondu ?

— Mon frère, vous savez que j'aime tendrement Charles, qui m'a sauvé la vie, et que la reine-mère a pour moi remplacé ma mère. J'ai donc refusé toutes les offres qu'il venait me faire.

— Et quelles étaient ces offres ?

— Les huguenots veulent reconstituer le trône de Navarre, et, comme en réalité ce trône m'appartient par héritage, ils me l'offraient.

— Oui ; et M. de Mouy, au lieu de l'adhésion qu'il venait solliciter, a reçu votre désistement ?

— Formel... par écrit même. Mais depuis, continua Henri...

— Vous vous êtes repenti, mon frère, interrompit d'Alençon.

— Non, j'ai cru m'apercevoir seulement que M. de Mouy, mécontent de moi, reportait ailleurs ses visées.

— Et où cela ? demanda vivement François.

— Je n'en sais rien. Près du prince de Condé, peut-être.

— Oui, c'est probable, dit le duc.

— D'ailleurs, reprit Henri, j'ai moyen de connaître d'une manière infaillible le chef qu'il s'est choisi.

François devint livide.

— Mais, continua Henri, les huguenots sont divisés entre eux, et de Mouy, tout brave et tout loyal qu'il est, ne représente qu'une moitié du parti. Or cette autre moitié, qui n'est point à dédaigner, n'a pas perdu l'espoir de porter au trône ce Henri de Navarre, qui, après avoir hésité dans le premier moment, peut avoir réfléchi depuis.

— Vous croyez ?

— Oh ! tous les jours j'en reçois des témoignages. Cette troupe qui nous a rejoints à la chasse, avez-vous remarqué de quels hommes elle se composait?

— Oui, de gentilshommes convertis.

— Le chef de cette troupe, qui m'a fait un signe, l'avez-vous reconnu?

— Oui, c'est le vicomte de Turenne.

— Ce qu'ils me voulaient, l'avez-vous compris?

— Oui, ils vous proposaient de fuir.

— Alors, dit Henri à François inquiet, il est donc évident qu'il y a un second parti qui veut autre chose que ce que veut M. de Mouy.

— Un second parti.

— Oui, et fort puissant, vous dis-je, de sorte que pour réussir il faudrait réunir les deux partis : Turenne et de Mouy. La conspiration marche, les troupes sont désignées, on n'attend qu'un signal. Or, dans cette situation suprême qui demande de ma part une prompte solution, j'ai débattu deux résolutions entre lesquelles je flotte. Ces deux résolutions, je viens vous les soumettre comme à un ami.

— Dites mieux, comme à un frère.

— Oui, comme à un frère, reprit Henri.

— Parlez donc, je vous écoute.

— Et d'abord je dois vous exposer l'état de mon âme, mon cher François. Nul désir, nulle ambition, nulle capacité; je suis un bon gentilhomme de campagne, pauvre, sensuel et timide; le métier de conspirateur me présente des disgrâces mal compensées par la perspective même certaine d'une couronne.

— Ah! mon frère dit François, vous vous faites tort, et c'est une situation triste que celle d'un prince dont la fortune est limitée par une borne dans le champ paternel ou par un homme dans la carrière des honneurs! Je ne crois donc pas à ce que vous me dites.

— Ce que je vous dis est si vrai cependant, mon frère, reprit Henri, que si je croyais avoir un ami réel, je me démettrais en sa faveur de la puissance que veut me conférer le parti qui s'occupe de moi; mais, ajouta-t-il avec un soupir, je n'en ai point.

— Peut-être. Vous vous trompez sans doute.

— Non, ventre-saint-gris ! dit Henri. Exxepté vous, mon frère, je ne vois personne qui me soit attaché ; aussi, plutôt que de laisser avorter en des déchirements affreux une tentative qui produirait à la lumière quelque homme... indigne... je préfère en vérité avertir le roi mon frère de ce qui se passe Je ne nommerai personne, je ne citerai ni pays ni date ; mais je préviendrai la catastrophe.

— Grand Dieu ! s'écria d'Alençon ne pouvant réprimer sa terreur, que dites-vous là !.. Qui, vous, vous la seule espérance du parti depuis la mort de l'amiral ; vous, un huguenot converti, mal converti, on le croyait du moins, vous lèveriez le couteau sur vos frères! Henri, Henri! en faisant cela, savez-vous que vous livrez à une seconde Saint-Barthélemy tous les calvinistes du royaume! Savez-vous que Catherine n'attend qu'une occasion pareille pour exterminer tout ce qui a survécu!

Et le duc tremblant, le visage marbré de plaques rouges et livides, pressait la main de Henri pour le supplier de renoncer à cette résolution, qui le perdait.

— Comment! dit Henri avec une expression de parfaite bonhomie, vous croyez, François, qu'il arriverait tant de malheurs! Avec la parole du roi, cependant, il me semble que je garantirais les imprudents.

— La parole du roi Charles IX, Henri... Eh! l'amiral, ne l'avait-il pas? Téligny, ne l'avait-il pas? Ne l'aviez-vous pas vous-même? Oh! Henri! c'est moi qui vous le dis! si vous faites cela, vous les perdez tous; non-seulement eux, mais encore tout ce qui a eu des relations directes ou indirectes avec eux.

Henri parut réfléchir un instant.

— Si j'eusse été un prince important à la cour, dit-il, j'eusse agi autrement. A votre place, par exemple, à votre place à vous, François, fils de France, héritier probable de la couronne...

François secoua ironiquement la tête.

— A ma place, dit-il, que feriez-vous?

— A votre place, mon frère, répondit

Henri, je me mettrais à la tête du mouvement pour le diriger. Mon nom et mon crédit répondraient à ma conscience de la vie des séditieux, et je tirerais utilité pour moi d'abord et pour le roi ensuite, peut-être, d'une entreprise qui, sans cela, peut faire le plus grand mal à la France.

D'Alençon écouta ces paroles avec une joie qui dilata tous les muscles de son visage.

— Croyez-vous, dit-il, que ce moyen soit praticable et qu'il nous épargne tous ces désastres que vous prévoyez?

— Je le crois, dit Henri. Les huguenots vous aiment, votre extérieur modeste, votre situation élevée et intéressante à la fois, la bienveillance enfin que vous avez toujours témoignée à ceux de la religion les portent à vous servir.

— Mais, dit d'Alençon, il y a chisme dans le parti. Ceux qui sont pour vous seront-ils pour moi?

— Je me charge de vous les concilier par deux raisons.

— Lesquelles?

— D'abord, par la confiance que les chefs ont en moi; ensuite, par la crainte où ils seraient que Votre Altesse, connaissant leurs noms...

— Mais ces noms, qui me les révélera?

— Moi, ventre-saint gris!

— Vous feriez cela?

— Écoutez, François, je vous l'ai dit, continua Henri, je n'aime que vous à la cour : cela vient sans doute de ce que vous êtes persécuté comme moi ; et puis, ma femme aussi vous aime d'un affection qui n'a pas d'égale...

François rougit de plaisir.

— Croyez-moi, mon frère, continua Henri, prenez cette affaire en main, régnez en Navarre ; et pourvu que vous me conserviez une place à votre table et une belle forêt pour chasser, je m'estimerai heureux.

— Régner en Navarre, dit le duc ; mais si..

— Si le duc d'Anjou est nommé roi de

Pologne, n'est-ce pas? J'achève votre pensée.

François regarda Henri avec une certaine terreur.

— Eh bien, écoutez, François! continua Henri; puisque rien ne vous échappe, c'est justement dans cette hypothèse que je raisonne : si le duc d'Anjou est nommé roi de Pologne, et que notre frère Charles, que Dieu conserve! vienne à mourir, il n'y a que deux cents lieues de Pau à Paris, tandis qu'il y en a quatre cents de Paris à Cracovie; vous serez donc ici pour recueillir l'héritage juste au moment où le roi de Pologne apprendra qu'il est vacant. Alors, si vous êtes content de moi, François, vous me donnerez ce royaume de Navarre, qui ne sera plus qu'un des fleurons de votre couronne; de cette façon, j'accepte. Le pis qui puisse vous arriver, c'est de rester roi là-bas et de faire souche de rois en vivant en famille avec moi et ma famille, tandis qu'ici, qu'êtes-vous? un pauvre prince persécuté, un pauvre troisième fils de roi, esclave de deux aînés et qu'un caprice peut envoyer à la Bastille.

— Oui, oui, dit François, je sens bien cela, si bien que je ne comprends pas que vous renonciez à ce plan que vous me proposez. Rien ne bat donc là?

Et le duc d'Alençon posa la main sur le cœur de son frère.

— Il y a, dit Henri en souriant, des fardeaux trop lourds pour certaines mains, je n'essaierai pas de soulever celui là; la crainte de la fatigue me fait passer l'envie de la possession.

— Ainsi, Henri, véritablement vous renoncez?

— Je l'ai dit à de Mouy et je vous le répète.

— Mais en pareille circonstance, cher frère, dit d'Alençon, on ne dit pas, on prouve.

Henri respira comme un lutteur qui sent plier les reins de son adversaire.

— Je le prouverai, dit-il, ce soir : à neuf heures la liste des chefs et le plan de l'entreprise seront chez vous. J'ai même déjà remis mon acte de renonciation à de Mouy.

François prit la main de Henri et la serra avec effussion entre les siennes.

Au même instant Catherine entra chez le duc d'Alençon, et cela, selon son habitude, sans se faire annoncer.

— Ensemble! dit-elle en souriant, deux bons frères, en vérité.

— Je l'espère, Madame, dit Henri avec le plus grand sang-froid, tandis que le duc d'Alençon pâlissait d'angoisses.

Puis il fit quelques pas en arrière pour laisser Catherine libre de parler à son fils.

La reine-mère alors tira de son aumônière un joyau magnifique.

— Cette agrafe vient de Florence, dit-elle, je vous la donne pour mettre au ceinturon de votre épée.

Puis tout bas :

— Si, continua-t-elle, vous entendez ce soir du bruit chez votre bon frère Henri, ne bougez pas.

François serra la main de sa mère, et dit :

— Me permettez-vous de lui montrer le beau présent que vous venez de me faire ?

— Faites mieux, donnez-le lui en votre nom et au mien, car j'en avais ordonné une seconde à son intention.

— Vous entendez, Henri, dit François, ma bonne mère m'apporte ce bijou, et en double la valeur en permettant que je vous le donne.

Henri s'extasia sur la beauté de l'agrafe, et se confondit en remercîments.

Quand ses transports se furent calmés :

— Mon fils, dit Catherine, je me sens un peu indisposée, et je vais me mettre au lit; votre frère Charles est bien fatigué de sa chute et va en faire autant. On ne soupera donc pas en famille ce soir, et nous serons servis chacun chez nous. Ah! Henri, j'oubliais de vous faire mon compliment sur votre courage et votre adresse : vous avez sauvé votre roi et votre frère, vous en serez récompensé.

— Je le suis déjà, Madame, répondit Henri en s'inclinant.

— Par le sentiment que vous avez fait votre devoir, reprit Catherine; ce n'est point assez, et croyez que nous songeons, Charles et moi, à faire quelque chose qui nous acquitte envers vous.

— Tout ce qui me viendra de vous et de mon bon frère sera bienvenu, Madame.

Puis il s'inclina et sortit.

— Ah! mon frère François, pensa Henri en sortant, je suis sûr maintenant de ne pas partir seul; et la conspiration, qui avait un corps, vient de trouver une tête et un cœur. Seulement, prenons garde à nous. Catherine me fait un cadeau, Catherine me promet une récompense : il y a quelque diablerie là-dessous ; j'en veux conférer ce soir avec Marguerite.

IV

La reconnaissance du roi Charles IX.

Maurevel était resté une partie de la journée dans le cabinet des armes du roi; mais, quand Catherine avait vu approcher le moment du retour de la chasse, elle l'avait fait passer dans son oratoire avec les sbires qui l'étaient venus rejoindre.

Charles IX, averti à son arrivée par sa

nourrice qu'un homme avait passé une partie de la journée dans son cabinet, s'était d'abord mis dans une grande colère qu'on se fût permis d'introduire un étranger chez lui. Mais se l'étant fait dépeindre et sa nourrice lui ayant dit que c'était le même homme qu'elle avait été elle-même chargée de lui amener un soir, le roi avait reconnu Maurevel, et se rappelant l'ordre arraché le matin par sa mère, il avait tout compris.

— Oh! oh! murmura Charles, dans la même journée où il m'a sauvé la vie, le moment est mal choisi.

En conséquence il fit quelques pas pour descendre chez sa mère, mais une pensée le retint..

— Mordieu! dit-il, si je lui parle de cela, ce sera une discussion à n'en pas finir; mieux vaut que nous agissions chacun de notre côté.

— Nourrice, dit-il, ferme bien toutes les portes et préviens la reine Élisabeth *, qu'un peu souffrant de la chute que j'ai faite je dormirai seul cette nuit.

La nourrice obéit, et, comme l'heure d'exécuter son projet n'était pas arrivée, Charles se mit à faire des vers.

C'était l'occupation pendant laquelle le temps passait le plus vite pour le roi. Aussi neuf heures sonnèrent-elles que Charles croyait encore qu'il en était à

* Charles IX avait épousé Élisabeth d'Autriche, fille de Maximilien.

peine sept. Il compta l'un après l'autre les battements de la cloche, et au dernier il se leva.

— Nom d'un diable! dit-il, il est temps tout juste.

Et, prenant son manteau et son chapeau, il sortit par une porte secrète qu'il avait fait percer dans la boiserie et dont Catherine elle-même ignorait l'existence.

Charles alla droit à l'appartement de Henri. Henri n'avait fait que rentrer chez lui pour changer de costume en quittant le duc d'Alençon, et il était sorti aussitôt.

— Il sera allé souper chez Margot, se dit le roi; il était au mieux aujourd'hui avec elle, à ce qu'il m'a semblé, du moins.

Et il s'achemina vers l'appartement de Marguerite.

Marguerite avait ramené chez elle la duchesse de Nevers, Coconnas et La Mole, et faisait avec eux une collation de confitures et de pâtisseries.

Charles heurta à la porte d'entrée; Gillonne alla ouvrir; mais à l'aspect du roi elle fut si épouvantée, qu'elle trouva à peine la force de faire la révérence, et qu'au lieu de courir pour prévenir sa maîtresse de l'auguste visite qui lui arrivait, elle laissa passer Charles sans donner d'autre signal que le cri qu'elle avait poussé.

Le roi traversa l'antichambre, et, guidé par les éclats de rire, il s'avança vers la salle à manger.

« Pauvre Henriot! dit-il, il se réjouit sans penser à mal. »

— C'est moi, dit-il, en soulevant la tapisserie et en montrant un visage riant.

Marguerite poussa un cri terrible; tout riant qu'il était, ce visage avait produit sur elle l'effet de la tête de Méduse. Placée en face de la portière, elle venait de reconnaître Charles.

Les deux hommes tournaient le dos au roi.

— Majesté! s'écria-t-elle avec effroi.

Et elle se leva.

Coconnas, quand les trois autres convives sentaient en quelque sorte leur tête vaciller sur leurs épaules, fut le seul qui ne perdit pas la sienne. Il se leva aussi, mais avec une si habile maladresse qu'en se levant il renversa la table, et qu'avec elle il culbuta cristaux, vaisselle et bougies.

En un instant il y eut obscurité complète et silence de mort.

— Gagne au pied, dit Coconnas à La Mole. Hardi! hardi!

La Mole ne se le fit pas dire deux fois, il se jeta contre le mur, s'orienta des mains, cherchant la chambre à coucher pour se cacher dans le cabinet qu'il connaissait si bien.

Mais en mettant le pied dans la chambre à coucher, il se heurta contre un homme qui venait d'entrer par le passage secret.

— Que signifie donc tout cela? dit Charles dans les ténèbres, avec une voix qui commençait à prendre un formidable accent d'impatience, suis-je donc un trouble-fête, que l'on fasse à ma vue un pareil remue-ménage? Voyons, Henriot! Henriot! où es-tu? réponds-moi.

— Nous sommes sauvés! murmura Marguerite en saisissant une main qu'elle prit pour celle de La Mole. Le roi croit que mon mari est un de nos convives.

— Et je le lui laisserai croire, Madame, soyez tranquille, dit Henri répondant à la reine sur le même ton.

— Grand Dieu! s'écria Marguerite en lâchant vivement la main qu'elle tenait et qui était celle du roi de Navarre.

— Silence! dit Henri.

— Mille noms du diable! qu'avez-vous donc à chuchoter ainsi? s'écria Charles. Henri, répondez-moi, où êtes-vous?

— Me voici, Sire, dit la voix du roi de Navarre.

— Diable! dit Coconnas, qui tenait la duchesse de Nevers dans un coin, voilà qui se complique.

— Alors nous sommes deux fois perdues, dit Henriette.

Coconnas, brave jusqu'à l'imprudence, avait réfléchi qu'il fallait toujours finir par rallumer les bougies, et pensant que le plus tôt serait le mieux, il quitta la main de Madame de Nevers, ramassa au milieu des débris un chandelier, s'approcha du chauffe-doux * et souffla sur un charbon qui enflamma aussitôt la mêche d'une bougie.

La chambre s'éclaira.

Charles IX jeta autour de lui un regard interrogateur.

Henri était près de sa femme, la duchesse de Nevers était seule dans un coin; et Co-

* Espèce de brasero.

connas debout au milieu de la chambre, un chandelier à la main, éclairait toute la scène.

— Excusez-nous, mon frère, dit Marguerite, nous ne vous attendions pas.

— Aussi Votre Majesté, comme elle peut le voir, nous a fait une peur étrange ! dit Henriette.

— Pour ma part, dit Henri, qui devina tout, je crois que la peur a été si réelle qu'en me levant j'ai renversé la table.

Coconnas jeta au roi de Navarre un regard qui voulait dire :

— A la bonne heure ! voilà un mari qui entend à demi-mot.

— Quel affreux remue-ménage ! répéta

Charles IX. Voilà ton souper renversé, Henriot. Viens avec moi, tu l'achèveras ailleurs ; je te débauche pour ce soir.

— Comment, Sire, dit Henri, Votre Majesté me ferait l'honneur !...

— Oui, ma Majesté te fait l'honneur de t'emmener hors du Louvre. Prête-le-moi, Margot, je te le ramènerai demain matin.

— Ah, mon frère ! dit Marguerite, vous n'avez point besoin de ma permission pour cela et vous êtes bien le maître.

— Sire, dit Henri, je vais prendre chez moi un autre manteau et je reviens à l'instant même.

— Tu n'en as pas besoin, Henriot, celui que tu as là est bon.

— Mais Sire... essaya le Béarnais.

— Je te dis de ne pas retourner chez toi, mille noms d'un diable ! n'entends-tu pas ce que je te dis? Allons, Viens donc!

— Oui, oui, allez! dit tout à coup Marguerite en serrant le bras de son mari ; car un singulier regard de Charles venait de lui apprendre qu'il se passait quelque chose d'étrange.

— Me voilà, Sire, dit Henri.

Mais Charles ramena son regard sur Coconnas, qui continuait son office d'éclaireur en rallumant les autres bougies.

— Quel est ce gentilhomme, demanda-t-il à Henri en toisant le Piémontais, serait-ce point par hasard M. de La Mole ?

— Qui lui a donc parlé de La Mole ? se demanda tout bas Marguerite.

— Non, Sire, répondit Henri, M. de La Mole n'est point ici et je le regrette, car j'aurais eu l'honneur de le présenter à Votre Majesté en même temps que M. de Coconnas son ami ; ce sont deux inséparables et tous deux appartiennent à M. d'Alençon.

— Ah ! ah ! à notre grand tireur ! dit Charles. — Bon.

Puis en fronçant le sourcil :

— Ce Monsieur de La Mole, ajouta-t-il, n'est-il pas huguenot ?

— Converti, Sire, dit Henri, et je réponds de lui comme de moi.

— Quand vous répondez de quelqu'un,

Henriot, après ce que vous avez fait aujourd'hui, je n'ai plus le droit de douter de lui. Mais n'importe, j'aurais voulu le voir ce monsieur de La Mole. Ce sera pour plus tard.

En faisant de ses gros yeux une dernière perquisition dans la chambre, Charles embrassa Marguerite et emmena le roi de Navarre en le tenant par-dessous le bras.

A la porte du Louvre, Henri voulut s'arrêter pour parler à quelqu'un.

— Allons! allons! sors vite, Henriot, lui dit Charles. Quand je te dis que l'air du Louvre n'est pas bon pour toi ce soir; que diable! crois-moi donc.

— Ventre-saint-gris! murmura Henri; et de Mouy que va-t-il devenir tout seul dans ma chambre?... Pourvu que cet air qui n'est pas bon pour moi ne soit pas plus mauvais encore pour lui.

— Ah ça! dit le roi lorsqu'Henri et lui eurent traversé le pont-levis, cela t'arrange donc, Henriot, que les gens de M. d'Alençon fassent la cour à ta femme?

— Comment cela, Sire?

— Oui, ce Monsieur de Coconnas ne fait-il pas les doux yeux à Margot?

— Qui vous a dit cela?

— Dame! reprit le roi, on me l'a dit.

— Raillerie pure, Sire; M. de Coconnas fait les doux yeux à quelqu'un, c'est vrai, mais c'est à Madame de Nevers.

— Ah bah !

— Je puis répondre à Votre Majesté de ce que je lui dis là.

Charles se prit à rire aux éclats.

— Eh bien ! dit-il, que le duc de Guise vienne encore me faire des propos, et j'allongerai agréablement sa moustache en lui contant les exploits de sa belle-sœur. Après cela, dit le roi se ravisant, je ne sais plus si c'est de M. de Coconnas ou de M. de La Mole qu'il m'a parlé.

— Pas plus l'un que l'autre, Sire, dit Henri, et je vous réponds des sentiments de ma femme.

— Bon ! Henriot, bon ! dit le roi, j'aime

mieux te voir ainsi qu'autrement, et sur mon honneur, tu es si brave garçon que je crois que je finirai par ne plus pouvoir me passer de toi.

En disant ces mots, le roi se mit à siffler d'une façon particulière, et quatre gentilshommes, qui attendaient au bout de la rue de Beauvais, le vinrent rejoindre, et tous ensemble s'enfoncèrent dans l'intérieur de la ville.

Dix heures sonnaient.

— Eh bien! dit Marguerite, quand le roi et Henri furent partis, nous remettons-nous à table?

— Non, ma foi! dit la duchesse, j'ai eu trop peur. Vive la petite maison de la rue

Cloche-Percée! on n'y peut pas entrer sans en faire le siège et nos braves ont le droit d'y jouer des épées. — Mais que cherchez-vous sous les meubles et dans les armoires, Monsieur de Coçonnas?

— Je cherche mon ami La Mole, dit le Piémontais.

Cherchez du côté de ma chambre, Monsieur, dit Marguerite, il y a là un certain cabinet...

— Bon, dit Coconnas, j'y suis.

Et il entra dans la chambre.

— Eh bien! dit une voix dans les ténèbres, où en sommes-nous?

— Eh! mordi! nous en sommes au dessert.

— Et le roi de Navarre?

— Il n'a rien vu ; c'est un mari parfait et j'en souhaite un pareil à ma femme. Cependant je crains bien qu'elle ne l'ait jamais qu'en secondes noces.

— Et le roi Charles ?

— Ah ! le roi, c'est différent; il a emmené le mari.

— En vérité ?

— C'est comme je te le dis. De plus, il m'a fait l'honneur de me regarder de côté quand il a appris que j'étais à M. d'Alençon, et de travers quand il a su que j'étais ton ami.

— Tu crois donc qu'on lui aura mal parlé de moi?

— J'ai peur, au contraire, qu'on lui en ait dit trop de bien. Mais ce n'est point de tout cela qu'il s'agit; je crois que ces dames ont un pèlerinage à faire du côté de la rue du Roi de Sicile, et que nous conduisons les pèlerines.

— Mais impossible!... tu le sais bien.

— Comment, impossible!

— Eh! oui, nous sommes de service chez Son Altesse Royale.

— Mordi! c'est ma foi vrai! j'oublie toujours que nous sommes en grade, et que de gentilshommes que nous étions nous avons eu l'honneur de passer valets.

7

Et les deux amis allèrent exposer à la reine et à la duchesse la nécessité où ils étaient d'assister au moins au coucher de monsieur le duc.

— C'est bien, dit madame de Nevers, nous partons de notre côté.

— Et peut-on savoir où vous allez? demanda Coconnas.

— Oh! vous êtes trop curieux, dit la duchesse. *Quære et invenies.*

Les deux jeunes gens saluèrent et montèrent en toute hâte chez M. d'Alençon.

Le duc semblait les attendre dans son cabinet.

—Ah ! ah ! dit-il, vous voilà bien tard, messieurs.

— Dix heures à peine, Monseigneur, dit Coconnas.

Le duc tira sa montre.

— C'est vrai, dit-il. Tout le monde est couché au Louvre cependant.

— Oui, Monseigneur ; mais nous voici à vos ordres. Faut-il introduire dans la chambre de Votre Altesse les gentilshommes du petit coucher ?

— Au contraire, passez dans la petite salle et congédiez tout le monde.

Les deux jeunes gens obéirent, exécutèrent l'ordre donné, qui n'étonna personne à cause du caractère bien connu du duc, et revinrent près de lui.

— Monseigneur, dit Coconnas, Votre Altesse va sans doute se mettre au lit, ou travailler?

— Non, messieurs; vous avez congé jusqu'à demain.

— Allons, allons, dit tout bas Coconnas à l'oreille de La Mole, la cour découche ce soir, à ce qu'il paraît; la nuit sera friande en diable, prenons notre part de la nuit.

Et les deux jeunes gens montèrent l'escalier quatre à quatre, prirent leurs manteaux et leurs épées de nuit, et s'élancèrent hors du Louvre à la poursuite des deux dames, qu'ils rejoignirent au coin de la rue du Coq Saint-Honoré.

Pendant ce temps, le duc d'Alençon, l'œil ouvert, l'oreille au guet, attendait, enfermé dans sa chambre, les évènements imprévus qu'on lui avait promis.

V

Dieu dispose.

Comme l'avait dit le duc aux deux jeunes gens, le plus profond silence régnait au Louvre.

En effet, Marguerite et Madame de Nevers étaient parties pour la rue Tizon. Coconnas et La Mole s'étaient mis à leur poursuite. Le roi et Henri battaient la ville. Le duc d'Alençon se tenait chez lui dans l'attente vague et anxieuse des évènements que lui avait prédits la reine-mère. Enfin Catherine s'était mise au lit, et Madame de Sauve, assise à son chevet, lui faisait lecture de certains contes italiens dont riait fort la bonne reine.

Depuis longtemps Catherine n'avait été de si belle humeur. Après avoir fait de bon appétit une collation avec ses femmes, après avoir pris consultation du médecin, après avoir réglé les comptes quotidiens de sa maison, elle avait ordonné une prière pour le succès de certaine entreprise importante, disait-elle, pour le bonheur de ses enfants; c'était l'habitude de Catherine, habitude au reste toute florentine, de faire dire dans certaines circonstances des prières et des messes, dont Dieu et elle savaient seuls le but.

Enfin elle avait revu René et avait choisi, dans ses odorants sachets et dans son riche assortiment, plusieurs nouveautés.

— Qu'on sache, dit Catherine, si ma fille la reine de Navarre est chez elle, et si elle y est qu'on la prie de me venir faire compagnie.

Le page auquel cet ordre était adressé sortit, et un instant après il revint accompagné de Gillonne.

— Eh bien! dit la reine-mère, j'ai demandé la maîtresse et non la suivante.

— Madame, dit Gillonne, j'ai cru devoir venir moi-même dire à Votre Majesté que la reine de Navarre est sortie avec son amie la duchesse de Nevers...

— Sortie à cette heure, reprit Catherine en fronçant le sourcil, et où peut-elle être allée ?

— A une séance d'alchimie, répondit Gillonne, laquelle doit avoir lieu à l'hôtel de Guise, dans le pavillon habité par Madame de Nevers.

— Et quand rentrera-t-elle? demanda la reine-mère.

— La séance se prolongera fort avant dans la nuit, répondit Gillonne, de sorte qu'il est probable que Sa Majesté demeurera jusqu'à demain matin chez son amie.

— Elle est heureuse, la reine de Navarre, murmura Catherine, elle a des amies et elle est reine; elle porte une couronne, on l'appelle Votre Majesté et elle n'a pas de sujets : elle est bien heureuse.

Après cette boutade, qui fit sourire intérieurement les auditeurs :

— Au reste, murmura Catherine, puisqu'elle est sortie! car elle est sortie, dites-vous?

— Depuis une demi-heure, Madame.

— Tout est pour le mieux, allez.

Gillonne salua et sortit.

— Continuez votre lecture, Charlotte! dit la reine.

Madame de Sauve continua.

Au bout de dix minutes Catherine interrompit la lecture.

— Ah! à propos, dit-elle, qu'on renvoie les gardes de la galerie.

C'était le signal qu'attendait Maurevel.

On exécuta l'ordre de la reine-mère, et Madame de Sauve continua son histoire.

Elle avait lu un quart d'heure à peu près sans interruption aucune, lorsqu'un cri, long, prolongé, terrible, parvint jusque dans la chambre royale et fit dresser les cheveux sur la tête des assistants.

Un coup de pistolet le suivit immédiatement.

— Qu'est cela, dit Catherine, et pourquoi ne lisez-vous plus, Carlotta?

— Madame, dit la jeune femme pâlissante, n'avez-vous point entendu ?

— Quoi ? demanda Catherine.

— Ce cri.

— Et ce coup de pistolet ? ajouta le capitaine des gardes.

— Un cri, un coup de pistolet, ajouta Catherine, je n'ai rien entendu, moi..... D'ailleurs, est-ce donc chose bien extraordinaire au Louvre qu'un cri et qu'un coup de pistolet ! Lisez, lisez, Carlotta.

— Mais écoutez, Madame, dit celle-ci tandis que M. de Nancey se tenait debout la main à la poignée de son épée et n'osant sortir sans le congé de la reine, écoutez, on entend des pas, des imprécations.

— Faut-il que je m'informe, Madame? dit ce dernier.

— Point du tout, Monsieur, restez là, dit Catherine en se soulevant sur une main comme pour donner plus de force à son ordre. Qui donc me garderait en cas d'alarme ! Ce sont quelques Suisses ivres qui se battent.

Le calme de la reine, opposé à la terreur qui planait sur toute cette assemblée, formait un contraste tellement remarquable, que, si timide qu'elle fût, Madame de Sauve fixa un regard interrogateur sur la reine.

— Mais, Madame, s'écria-t-elle, on dirait que l'on tue quelqu'un.

— Et qui voulez-vous qu'on tue?

— Mais le roi de Navarre, Madame; le bruit vient du côté de son appartement.

— La sotte! murmura la reine, dont les lèvres, malgré sa puissance sur elle-même, commençaient à s'agiter étrangement, car elle marmottait une prière; la sotte! voit son roi de Navarre partout.

— Mon Dieu! mon Dieu! dit Madame de Sauve en retombant sur son fauteuil.

— C'est fini, c'est fini, dit Catherine. Capitaine, continua-t-elle en s'adressant à M. de Nancey, j'espère que, s'il y a du scandale dans le palais, vous ferez demain punir sévèrement les coupables. Reprenez votre lecture, Carlotta.

Et Catherine retomba elle-même sur son

oreiller dans une immobilité qui ressemblait beaucoup à de l'affaissement, car les assistants remarquèrent que de grosses gouttes de sueur roulaient sur son visage.

Madame de Sauve obéit à cet ordre formel ; mais ses yeux et sa voix fonctionnaient seuls. Sa pensée errante sur d'autres objets lui représentait un danger terrible suspendu sur une tête chérie. Enfin, après quelques minutes de ce combat, elle se trouva tellement oppressée entre l'émotion et l'étiquette que sa voix cessa d'être intelligible ; le livre lui tomba des mains, et elle s'évanouit.

Soudain un fracas plus violent se fit entendre ; un pas lourd et pressé ébranla le corridor ; deux coups de feu partirent faisant vibrer les vitres ; et Catherine, étonnée de cette lutte prolongée outre mesure, se dressa à son tour, droite, pâle, les yeux dilatés; et au moment où le capitaine des gardes allait s'élancer dehors, elle l'arrêta en disant :

— Que tout le monde reste ici, j'irai moi-même voir là-bas ce qui se passe.

Voilà ce qui se passait, ou plutôt ce qui s'était passé.

De Mouy avait reçu le matin des mains d'Orthon la clé de Henri. Dans cette clé, qui était forée, il avait remarqué un papier roulé. Il avait tiré le papier avec une épingle.

C'était le mot d'ordre du Louvre pour la prochaine nuit.

En outre, Orthon lui avait verbalement transmis les paroles de Henri qui invitaient de Mouy à venir trouver à dix heures le roi au Louvre.

A neuf heures et demie, de Mouy avait revêtu une armure dont il avait plus d'une fois déjà eu l'occasion de reconnaître la solidité; il avait boutonné dessus un pourpoint de soie, avait agrafé son épée, passé dans le ceinturon ses pistolets, et avait recouvert le tout du fameux manteau cerise de La Mole.

Nous avons vu comment, avant de rentrer chez lui, Henri avait jugé à propos de faire une visite à Marguerite, et comment il était arrivé par l'escalier secret juste à temps pour heurter La Mole dans la chambre à coucher de Marguerite, et pour prendre sa place aux yeux du roi dans la salle à manger. C'était précisément au moment même que, grâce au mot d'ordre envoyé par Henri et surtout au fameux manteau cerise, de Mouy traversait le guichet du Louvre.

Le jeune homme monta droit chez le roi de Navarre, imitant de son mieux, comme d'habitude, la démarche de La Mole. Il trouva dans l'antichambre Orthon, qui l'attendait.

— Sire de Mouy, lui dit le montagnard, le roi est sorti, mais il m'a ordonné de vous introduire chez lui, et de vous dire de l'attendre. S'il tarde par trop, il vous invite, vous le savez, à vous jeter sur son lit.

De Mouy entra sans demander d'autre explication, car ce que venait de lui dire Orthon n'était que la répétition de ce qu'il lui avait déjà dit le matin.

Pour utiliser son temps, de Mouy prit une plume et de l'encre; et s'approchant d'une excellente carte de France pendue à la muraille, il se mit à compter et à régler les étapes qu'il y avait de Paris à Pau.

Mais ce travail fut l'affaire d'un quart d'heure; et ce travail fini, de Mouy ne sut plus à quoi s'occuper.

Il fit deux ou trois tours dans la chambre, se frotta les yeux, bâilla, s'assit et se leva, se rassit encore. Enfin, profitant de l'invitation de Henri, excusé d'ailleurs par les lois de familiarité qui existaient entre les princes et leurs gentilshommes, il déposa sur la table de nuit ses pistolets et la lampe, s'étendit sur le vaste lit à tentures sombres qui garnissait le fond de la chambre, plaça son épée nue le long de sa cuisse, et, sûr de n'être pas surpris puisqu'un domestique se tenait dans la pièce précédente, il se laissa aller à un sommeil pesant, dont bientôt le bruit fit retentir les vastes échos du baldaquin. De Mouy ronflait en vrai soudard, et sous ce rapport aurait pu lutter avec le roi de Navarre lui-même.

C'est alors que six hommes, l'épée à la main et le poignard à la ceinture, se glissèrent silencieusement dans le corridor qui par une petite porte communiquait aux appartements de Catherine, et par une grande donnait chez Henri.

Un de ces six hommes marchait le premier. Outre son épée nue et son poignard fort comme un couteau de chasse, il portait encore ses fidèles pistolets accrochés à sa ceinture par des agraffes d'argent.

Cet homme, c'était Maurevel.

Arrivé à la porte de Henri, il s'arrêta.

— Vous vous êtes bien assuré que les sentinelles du corridor ont disparu? demanda-t-il à celui qui paraissait commander la petite troupe sous ses ordres.

— Plus une seule n'est à son poste, répondit le lieutenant.

— Bien, dit Maurevel. Maintenant, il n'y a plus qu'à s'informer d'une chose, c'est si celui que nous cherchons est chez lui.

— Mais, dit le lieutenant en arrêtant la main que Maurevel posait sur le marteau de la porte, mais, capitaine, cet appartement est celui du roi de Navarre.

— Qui vous dit le contraire? répondit Maurevel.

Les sbires se regardèrent tout surpris, et le lieutenant fit un pas en arrière.

— Heu? fit le lieutenant, arrêter quelqu'un à cette heure, au Louvre, et dans l'appartement du roi de Navarre.

— Que répondriez-vous donc, dit Maurevel, si je vous disais que celui que vous allez arrêter est le roi de Navarre lui-même?

— Je vous dirais, capitaine, que la chose

est grave, et que, sans un ordre signé de la propre main du roi Charles IX...

— Lisez, dit Maurevel.

Et, tirant de son pourpoint l'ordre que lui avait remis Catherine, il le donna au lieutenant.

— C'est bien, répondit celui-ci après avoir lu; je n'ai plus rien à dire.

— Et vous êtes prêt?

— Je le suis.

— Et vous? continua Maurevel en s'adressant aux cinq autres sbires.

— Ceux-ci saluèrent avec respect.

— Écoutez-moi donc, Messieurs, dit Maurevel, voilà le plan : deux de vous resteront à cette porte, deux à la porte de l'antichambre à coucher, et deux entreront avec moi.

— Ensuite ? dit le lieutenant.

— Écoutez bien ceci : il nous est ordonné d'empêcher le prisonnier d'appeler, de crier, de résister ; toute infraction à cet ordre doit être punie de mort.

— Allons, allons, il a carte blanche, dit le lieutenant à l'homme désigné avec lui pour suivre Maurevel chez le roi.

— Tout-à-fait, dit Maurevel.

— Pauvre diable de roi de Navarre, dit un des hommes, il était écrit là-haut qu'il ne devait point en réchapper.

— Et ici-bas, dit Maurevel en reprenant

des mains du lieutenant l'ordre de Catherine, qu'il rentra dans sa poitrine.

Maurevel introduisit dans la serrure la clé que lui avait remise Catherine, et, laissant deux hommes à la porte extérieure, comme il en était convenu, entra avec les quatre autres dans l'antichambre.

— Ah! ah! dit Maurevel en écoutant la bruyante respiration du dormeur, dont le bruit arrivait jusqu'à lui, il paraît que nous trouverons ici ce que nous cherchons.

Aussitôt Orthon, pensant que c'était son maître qui rentrait, alla au-devant de lui et se trouva en face de cinq hommes armés qui occupaient la première chambre.

A la vue de ce visage sinistre, de ce Maurevel qu'on appelait le tueur du roi, le fidèle serviteur recula, et se plaçant devant la seconde porte :

— Qui êtes-vous? dit Orthon, que voulez-vous?

— Au nom du roi, répondit Maurevel, où est ton maître?

— Mon maître?

— Oui, le roi de Navarre.

— Le roi de Navarre n'est pas au logis, dit Orthon en défendant plus que jamais la porte, ainsi vous ne pouvez pas entrer.

— Prétexte, mensonge, dit Maurevel. Allons, arrière!

Les Béarnais sont entêtés, celui-ci gronda

comme un chien de ses montagnes, et sans se laisser intimider :

—Vous n'entrerez pas, dit-il, le roi est absent.

Et il se cramponna à la porte.

Maurevel fit un geste, les quatre hommes s'emparèrent du récalcitrant, l'arrachant au chambranle auquel il se tenait cramponné, et, comme il ouvrait la bouche pour crier, Maurevel lui appliqua la main sur les lèvres.

Orthon mordit furieusement l'assassin, qui retira sa main avec un cri sourd, et frappa du pommeau de son épée le serviteur sur la tête. Orthon chancela et tomba en criant : Alarme! alarme! alarme!...

Sa voix expira, il était évanoui.

Les assassins passèrent sur son corps, puis deux restèrent à cette seconde porte, et les trois autres entrèrent dans la chambre à coucher, conduits par Maurevel.

A la lueur de la lampe brûlant sur la table de nuit, ils virent le lit.

Les rideaux étaient fermés.

— Oh! oh! dit le lieutenant, il ne ronfle plus, ce me semble.

— Allons, sus! dit Maurevel.

A cette voix, un cri rauque qui ressemblait plutôt au rugissement du lion qu'à des accents humains partit de dessous les rideaux, qui s'ouvrirent violemment, et un homme armé d'une cuirasse et le front couvert d'une de ces salades qui ensevelissaient la tête jusqu'aux yeux, apparut, assis, deux pistolets à la main et son épée sur les genoux.

Maurevel n'eut pas plutôt aperçu cette figure et reconnu de Mouy, qu'il sentit ses cheveux se dresser sur sa tête; il devint d'une pâleur affreuse; sa bouche se remplit d'écume; et, comme s'il se fût trouvé en face d'un spectre, il fit un pas en arrière.

Soudain la figure armée se leva et fit en avant un pas égal à celui que Maurevel avait fait en arrière, de sorte que c'était celui qui était menacé qui semblait poursuivre, et celui qui menaçait qui semblait fuir.

— Ah! scélérat, dit de Mouy d'une voix sourde, tu viens pour me tuer comme tu as tué mon père.

Deux des sbires, c'est-à-dire ceux qui étaient entrés avec Maurevel dans la chambre du roi, entendirent seuls ces paroles terribles; mais en même temps qu'elles avaient été dites, le pistolet s'était abaissé à la hauteur du front de Maurevel. Maurevel se jeta à genoux au moment où de Mouy appuyait le doigt sur la détente; le coup partit, et un des gardes qui se trouvaient derrière lui, et qu'il avait démasqué par ce mouvement, tomba frappé au cœur. Au même instant Maurevel riposta, mais la balle alla s'aplatir sur la cuirasse de de Mouy.

Alors prenant son élan, mesurant la distance, de Mouy d'un revers de sa large épée fendit le crâne du deuxième garde, et, se retournant vers Maurevel, engagea l'épée avec lui.

Le combat fut terrible, mais court. A la quatrième passe Maurevel sentit dans sa gorge le froid de l'acier; il poussa un cri étranglé, tomba en arrière, et en tombant renversa la lampe, qui s'éteignit.

Aussitôt de Mouy, profitant de l'obscurité, vigoureux et agile comme un héros d'Homère, s'élança tête baissée vers l'antichambre, renversa un des gardes, repoussa l'autre, passa comme un éclair entre les sbires qui gardaient la porte extérieure, essuya deux coups de pistolet dont les balles éraillèrent la muraille du corridor, et dès lors il fut sauvé, car un pistolet tout chargé lui restait encore, outre cette épée qui frappait de si terrible coups.

Un instant de Mouy hésita pour savoir s'il devait fuir chez M. d'Alençon, dont il lui semblait que la porte venait de s'ouvrir, ou s'il devait essayer de sortir du Louvre. Il se décida pour ce dernier parti, reprit sa course d'abord ralentie, sauta dix degrés d'un seul coup, parvint au guichet, prononça les deux mots de passe et s'élança en criant :

— Allez là-haut, on y tue pour le compte du roi.

Et profitant de la stupéfaction, que ses paroles jointes au bruit des coups de pistolet, avaient jetée dans le poste, il gagna au pied et disparut dans la rue du Coq sans avoir reçu une égratignure.

C'était en ce moment que Catherine avait arrêté son capitaine des gardes en disant :

— Demeurez, j'irai voir moi-même ce qui se passe là-bas.

— Mais, Madame, répondit le capitaine, le danger que pourrait courir Votre Majesté m'ordonne de la suivre.

— Restez, Monsieur, dit Catherine d'un ton plus impératif encore que la première fois, restez. Il y a autour des rois une protection plus puissante que l'épée humaine.

Le capitaine demeura.

Alors Catherine prit une lampe, passa ses pieds nus dans des mules de velours, sortit de sa chambre, gagna le corridor encore plein de fumée, et s'avança, impassible et froide comme une ombre, vers l'appartement du roi de Navarre.

Tout était redevenu silencieux.

Catherine arriva à la porte d'entrée, en franchit le seuil, et vit d'abord dans l'antichambre Orthon évanoui.

— Ah, ah! dit-elle, voici toujours le laquais; plus loin sans doute nous allons trouver le maître. Et elle franchit la seconde porte.

Là son pied heurta contre un cadavre ; elle abaissa sa lampe : c'était celui du garde qui avait eu la tête fendue ; il était complètement mort.

Trois pas plus loin était le lieutenant frappé d'une balle et râlant le dernier soupir.

Enfin, devant le lit un homme qui, la tête pâle comme celle d'un mort, perdant son sang, par une double blessure qui lui traversait le cou, raidissant ses mains crispées, essayait de se relever.

C'était Maurevel.

Un frisson passa dans les veines de Catherine; elle vit le lit désert, elle regarda tou autour de la chambre, et chercha en vain parmi ces trois hommes couchés dans leur sang le cadavre qu'elle espérait.

Maurevel reconnut Catherine ; ses yeux se dilatèrent horriblement, et il tendit vers elle les bras avec un geste désespéré.

— Eh bien, dit-elle à demi-voix, où est-il, qu'est-il devenu ? Malheureux ! l'auriez-vous laissé échapper ?

Maurevel essaya d'articuler quelques paroles ; mais un sifflement inintelligible sortit seul de sa blessure, une écume rougeâtre frangea ses lèvres, et il secoua la tête en signe d'impuissance et de douleur.

— Mais parle donc ! s'écria Catherine, parle donc ! ne fût-ce que pour me dire un seul mot !

Maurevel montra sa blessure, et fit entendre de nouveau quelques sons inarticulés, tenta un effort qui n'aboutit qu'à un rauque râlement et s'évanouit.

Catherine, alors, regarda autour d'elle : elle n'était entourée que de cadavres et de mourants ; le sang coulait à flots par la chambre, et un silence de mort planait sur toute cette scène.

Encore une fois elle adressa la parole à Maurevel, mais sans le réveiller : cette fois il demeura non-seulement muet, mais immobile ; un papier sortait de son pourpoint, c'était l'ordre d'arrestation signé du roi. Catherine s'en saisit et le cacha dans sa poitrine.

En ce moment Catherine entendit derrière

elle un léger froissement de parquet; elle se retourna et vit debout, à la porte de la chambre, le duc d'Alençon, que le bruit avait attiré malgré lui, et que le spectacle qu'il avait sous les yeux fascinait.

— Vous, ici? dit-elle.

— Oui, Madame, que se passe-t-il donc, mon Dieu? demanda le duc.

— Retournez chez vous, François, et vous apprendrez assez tôt la nouvelle.

D'Alençon n'était pas aussi ignorant de l'aventure que Catherine le supposait. Aux premiers pas retentissant dans le corridor, il avait écouté. Voyant des hommes entrer chez le roi de Navarre, il avait, en rapprochant ce fait des paroles de Catherine, deviné ce qui allait se passer et s'était applaudi de voir un ami si dangereux détruit par une main plus forte que la sienne.

Bientôt des coups de feu, les pas rapides d'un fugitif avaient attiré son attention, et il avait vu dans l'espace lumineux projeté par l'ouverture de la porte de l'escalier disparaître un manteau rouge qui lui était trop familier pour qu'il ne le reconnût pas.

— De Mouy! s'écria-t-il, de Mouy chez mon beau-frère de Navarre! mais non, c'est impossible! Serait-ce M. de La Mole?...

Alors l'inquiétude le gagna. Il se rappela que le jeune homme lui avait été recommandé par Marguerite elle-même, et, voulant s'assurer si c'était lui qu'il venait de voir passer, il monta rapidement à la chambre des deux jeunes gens : elle était vide. Mais, dans un coin de cette chambre, il trouva suspendu le fameux manteau cerise. Ses doutes avaient été fixés : ce n'était donc pas La Mole, mais de Mouy,

La pâleur sur le front, tremblant que le huguenot ne fût découvert et ne trahît les secrets de la conspiration, il s'était alors précipité vers le guichet du Louvre. Là il avait appris que le manteau cerise s'était échappé sain et sauf, en annonçant qu'on tuait dans le Louvre pour le compte du roi.

— Il s'est trompé, murmura d'Alençon.

C'est pour le compte de la reine-mère.

Et, revenant vers le théâtre du combat, il trouva Catherine errant comme une hyène parmi les morts.

A l'ordre que lui donna sa mère, le jeune homme rentra chez lui, affectant le calme et l'obéissance, malgré les idées tumultueuses qui agitaient son esprit.

Catherine, désespérée de voir cette nouvelle tentative échouée, appela son capitaine des gardes, fit enlever les corps, commanda que Maurevel, qui n'était que blessé, fût reporté chez lui, et ordonna qu'on ne réveillât point le roi.

— Oh ! murmura-t-elle en rentrant dans son appartement la tête inclinée sur sa poitrine, il a échappé cette fois encore. La main de Dieu est étendue sur cet homme. Il règnera ! il règnera !

Puis, comme elle ouvrait la porte de sa chambre, elle passa la main sur son front et se composa un sourire banal.

— Qu'y avait-il donc, Madame ? demandèrent tous les assistants, à l'exception de madame de Sauve, trop effrayée pour faire des questions.

— Rien, répondit Catherine, du bruit et voilà tout.

— Oh ! s'écria tout à coup madame de Sauve en indiquant du doigt le passage de Catherine, Votre Majesté dit qu'il n'y a rien, et chacun de ses pas laisse une trace de sang sur le tapis !

VI

La nuit des rois.

Cependant Charles IX marchait côte à côte avec Henri appuyé à son bras, suivi de ses quatre gentilshommes et précédé de deux porte-torches.

— Quand je sors du Louvre, disait le pauvre roi, j'éprouve un plaisir analogue à celui qui me vient quand j'entre dans une belle forêt ; je respire, je vis, je suis libre.

Henri sourit.

— Votre Majesté serait bien dans mes montagnes du Béarn, alors ! dit Henri.

— Oui, et je comprends que tu aies envie d'y retourner ; mais si le désir t'en prend par trop fort, Henriot, ajouta Charles en riant, prends bien tes précautions, c'est un conseil que je te donne : car ma mère Catherine t'aime si fort qu'elle ne peut pas absolument se passer de toi.

— Que fera Votre Majesté ce soir? dit Henri, détournant cette conversation dangereuse.

— Je veux te faire faire une connaissance, Henriot ; tu me diras ton avis.

— Je suis aux ordres de Votre Majesté.

— A droite, à droite ! nous allons rue des Barres.

Les deux rois, suivis de leur escorte, avaient dépassé la rue de la Savonnerie, quand, à la hauteur de l'hôtel de Condé, ils virent deux hommes enveloppés de grands manteaux sortir par une fausse porte que l'un d'eux referma sans bruit.

— Oh, oh ! dit le roi à Henri, qui, selon son habitude, regardait aussi, mais sans rien dire ; cela mérite attention.

— Pourquoi dites-vous cela, Sire? demanda le roi de Navarre.

— Ce n'est pas pour toi, Henriot. Tu es sûr de ta femme, ajouta Charles avec un sourire; mais ton cousin de Condé n'est pas sûr de la sienne, ou, s'il en est sûr, il a tort, le diable m'emporte!

— Mais qui vous dit, Sire, que ce soit madame de Condé que visitaient ces messieurs?

— Un pressentiment. L'immobilité de ces deux hommes, qui se sont rangés dans la porte depuis qu'ils nous ont vus, et qui n'en bougent pas; puis certaine coupe de manteau du plus petit des deux.. Pardieu! ce serait étrange.

— Quoi?

— Rien ; une idée qui m'arrive, voilà tout : avançons.

Et il marcha droit aux deux hommes, qui, voyant alors que c'était bien à eux qu'on en avait, firent quelques pas pour s'éloigner.

— Holà, Messieurs! dit le roi, arrêtez.

— Est-ce à nous qu'on parle? demanda une voix qui fit tressaillir Charles et son compagnon.

— Eh bien, Henriot! dit Charles, reconnais-tu cette voix-là maintenant ?

— Sire, dit Henri, si votre frère le duc d'Anjou n'était point à La Rochelle, je jurerais que c'est lui qui vient de parler.

— Eh bien, dit Charles, c'est qu'il n'est point à La Rochelle, voilà tout.

— Mais qui est avec lui?

— Tu ne reconnais pas le compagnon?

— Non, Sire.

— Il est pourtant de taille à ne pas s'y tromper. Attends, tu vas le reconnaître. — Holà hé! vous dis-je, répéta le roi, n'avez-vous donc pas entendu, mordieu?

— Êtes-vous le guet pour nous arrêter? dit le plus grand des deux hommes développant son bras hors des plis de son manteau.

— Prenez que nous sommes le guet, dit le roi, et arrêtez quand on vous l'ordonne.

Puis se penchant à l'oreille de Henri : —

Tu vas voir le volcan jeter des flammes, lui dit-il.

— Vous êtes huit, dit le plus grand des deux hommes montrant cette fois non-seulement son bras, mais encore son visage, mais fussiez-vous cent, passez au large !

— Ah! ah! le duc de Guise! dit Henri.

— Ah! notre cousin de Lorraine, dit le roi, vous vous faites enfin connaître! c'est heureux !

— Le roi, s'écria le duc.

Quant à l'autre personnage, on le vit à ces paroles s'ensevelir dans son manteau et demeurer immobile après s'être d'abord découvert la tête par respect.

— Sire, dit le duc de Guise, je venais de

rendre visite à ma belle-sœur, Madame de Condé.

— Oui... et vous avez amené avec vous un de vos gentilshommes, lequel!

— Sire, répondit le duc, Votre Majesté ne le connaît pas.

— Nous ferons connaissance alors, dit le roi.

Et marchant droit à l'autre figure, il fit signe à un des deux laquais d'approcher avec son flambeau.

— Pardon, mon frère! dit le duc d'Anjou en décroisant son manteau et en s'inclinant avec un dépit mal déguisé.

— Ah! ah! Henri, c'est vous!... Mais non, ce n'est point possible, je me trompe... Mon frère d'Anjou ne serait allé voir personne avant de venir me voir moi-même. Il n'ignore pas que pour les princes du sang qui rentrent dans la capitale, il n'y a qu'une porte à Paris : c'est le guichet du Louvre.

— Pardonnez, Sire! dit le duc d'Anjou; je prie Votre Majesté d'excuser une inconséquence.

— Oui-dà! répondit le roi d'un ton moqueur, et que faisiez-vous donc, mon frère, à l'hôtel de Condé?

— Eh! mais, dit le roi de Navarre de son air narquois, ce que Votre Majesté disait tout à l'heure.

Et se penchant à l'oreille du roi, il termina sa phrase par un grand éclat de rire.

— Qu'est-ce donc? demanda le duc de Guise avec hauteur; car, comme tout le monde à la cour, il avait pris l'habitude de traiter assez rudement le pauvre roi de Navarre. — Pourquoi n'irais-je pas voir ma belle-sœur? M. le duc d'Alençon ne va-t-il pas voir la sienne?

Henri rougit légèrement.

— Quelle belle-sœur? demanda Charles, je ne lui en connais pas d'autre que la reine Élisabeth.

— Pardon, Sire! c'était sa sœur que j'aurais dû dire, Madame Marguerite, que nous avons vue passer en venant ici il y a une demi-heure dans sa litière, accompagnée de deux muguets qui trottaient chacun à une portière.

—Vraiment! dit Charles.—Que répondez-vous à cela, Henri?

— Que la reine de Navarre est bien libre d'aller où elle veut, mais que je doute qu'elle soit sortie du Louvre.

— Et moi j'en suis sûr, dit le duc de Guise.

— Et moi aussi, fit le duc d'Anjou, à telle enseigne que la litière s'est arrêtée rue Cloche-Percée.

— Il faut que votre belle-sœur, pas celle-ci, dit Henri en montrant l'hôtel de Condé, mais celle de là-bas, et il tourna son doigt dans la direction de l'hôtel de Guise, soit aussi de la partie, car nous les avons laissées ensemble, et, comme vous savez, elles sont inséparables.

— Je ne comprends pas ce que veut dire Votre Majesté, répondit le duc de Guise.

— Au contraire, dit le roi, rien de plus clair, et voilà pourquoi il y avait un muguet courant à chaque portière.

— Eh bien! dit le duc, s'il y a scandale de la part de la reine et de la part de mes belles-sœurs, invoquons pour le faire cesser la justice du roi.

— Eh par Dieu! dit Henri, laissez là mesdames de Condé et de Nevers. Le roi ne s'inquiète pas de sa sœur,... et moi j'ai confiance dans ma femme.

— Non pas, non pas, dit Charles, je veux en avoir le cœur net; mais faisons nos affaires nous-mêmes. La litière s'est arrêtée rue Cloche-Percée, dites-vous, mon cousin?

— Oui, Sire.

— Vous reconnaîtriez l'endroit?

— Oui, Sire.

— Eh bien! allons-y ; et s'il faut brûler la maison pour savoir qui est dedans, on la brûlera.

C'est avec ces dispositions assez peu rassurantes pour la tranquillité de ceux dont il était question que les quatre principaux seigneurs du monde chrétien prirent le chemin de la rue Saint-Antoine.

Les quatre princes arrivèrent rue Cloche-Percée; Charles, qui voulait faire ses affaires en famille, renvoya les gentilshommes de sa suite en leur disant de disposer du reste de leur nuit, mais de se tenir près de la Bastille à six heures du matin avec deux chevaux.

Il n'y avait que trois maisons dans la rue Cloche-Percée ; la recherche était d'autant moins difficile que deux ne firent aucun refus d'ouvrir : c'étaient celles qui touchaient, l'une à la rue Saint-Antoine, l'autre à la rue du Roi de Sicile.

Quant à la troisième, ce fut autre chose : c'était celle qui était gardée par le concierge allemand, et le concierge allemand était peu traitable. Paris semblait destiné à offrir cette nuit les plus mémorables exemples de fidélité domestique.

M. de Guise eut beau menacer dans le plus pur saxon, Henri d'Anjou eut beau offrir une bourse pleine d'or, Charles eut beau aller jusqu'à dire qu'il était lieutenant du guet, le brave Allemand ne tint compte ni de la déclaration, ni de l'offre, ni des menaces. Voyant que l'on insistait, et d'une manière qui devenait importune, il glissa entre les barres de fer l'extrémité de certaine arquebuse, démonstration dont ne firent que rire trois des quatre visiteurs — Henri de Navarre se tenant à l'écart, comme si la chose eût été sans intérêt pour lui, — attendu que l'arme, ne pouvant obliquer dans les barreaux, ne devait guère être dangereuse que pour un aveugle qui eût été se placer en face.

Voyant qu'on ne pouvait intimider, corrompre ni fléchir le portier, le duc de Guise feignit de partir avec ses compagnons; mais la retraite ne fut pas longue. Au coin de la rue Saint-Antoine, le duc trouva ce qu'il cherchait : c'était une de ces pierres comme en remuaient, trois mille ans auparavant, Ajax Télamon et Diomède; il la chargea sur son épaule, et revint en faisant signe à ses compagnons de le suivre. Juste en ce moment, le concierge, qui avait vu ceux qu'il prenait pour des malfaiteurs s'éloigner, refermait la porte sans avoir encore eu le temps de repousser les verrous. Le duc de Guise profita du moment : véritable catapulte vivante, il lança la pierre contre la porte. La serrure vola emportant la portion de la muraille dans laquelle elle était scellée. La porte s'ouvrit renversant l'Allemand, qui tomba en donnant, par un cri terrible, l'éveil à la garnison, qui, sans ce cri, courait grand risque d'être surprise.

Justement, en ce moment-là même, La Mole traduisait, avec Marguerite, une idylle de Théocrite, et Coconnas buvait, sous prétexte qu'il était Grec aussi, force vin de Syracuse avec Henriette. La conversation scientifique et la conversation bachique furent violemment interrompues.

Commencer par éteindre les bougies, ouvrir les fenêtres, s'élancer sur le balcon, distinguer quatre hommes dans les ténèbres, leur lancer sur la tête tous les projectiles qui leur tombèrent sous la main, faire un affreux bruit de coups de plat d'épée qui n'atteignaient que le mur, tel fut l'exercice auquel se livrèrent immédiatement La Mole et Coconnas. Charles, le plus acharné des assaillants, reçut une aiguière d'argent sur l'épaule, le duc d'Anjou un bassin contenant une compote d'oranges et de cédrats, et le duc de Guise un quartier de venaison.

Henri ne reçut rien. Il questionnait tout bas le portier, que M. de Guise avait attaché à la porte et qui répondait par son éternel :

— *Ich verstehe nicht.*

Les femmes encourageaient les assiégés et leur passaient des projectiles qui se succédaient comme une grêle.

— Par la mort diable ! s'écria Charles IX en recevant sur la tête un tabouret qui lui fit rentrer son chapeau jusque sur le nez, qu'on m'ouvre bien vite ou je ferai tout pendre là-haut.

— Mon frère ! dit Marguerite bas à La

Mole. — Le roi! dit celui-ci tout bas à Henriette. — Le roi! le roi! dit celle-ci à Coconnas, qui traînait un bahut vers la fenêtre et qui tenait à exterminer le duc de Guise, auquel, sans le connaître, il avait particulièrement affaire. — Le roi! je vous dis.

Coconnas lâcha le bahut, regarda d'un air étonné.

— Le roi? dit-il.

— Oui, le roi.

— Alors en retraite.

— Eh! justement La Mole et Marguerite sont déjà partis : venez.

— Par où?

— Venez, vous dis-je.

Et le prenant par la main, Henriette entraîna Coconnas par la porte secrète qui donnait dans la maison attenante; et tous quatre, après avoir refermé la porte derrière eux, s'enfuirent par l'issue qui donnait dans la rue Tizon.

— Oh! oh! dit Charles, je crois que la garnison se rend.

On attendit quelques minutes, mais aucun bruit ne parvint jusqu'aux assiégeants.

— On prépare quelque ruse, dit le duc de Guise.

— Ou plutôt on a reconnu la voix de mon frère et l'on détale, dit le duc d'Anjou.

— Il faudra toujours bien qu'on passe par ici, dit Charles.

— Oui, reprit le duc d'Anjou, si la maison n'a pas deux issues.

— Cousin, dit le roi, reprenez votre pierre et faites de l'autre porte comme de celle-ci.

Le duc pensa qu'il était inutile de recourir à de pareils moyens, et, comme il avait remarqué que la seconde porte était moins forte que la première, il l'enfonça d'un simple coup de pied.

— Les torches, les torches! dit le roi.

Les laquais s'approchèrent. Elles étaient éteintes; mais ils avaient sur eux tout ce qu'il fallait pour les rallumer. On fit de la flamme. Charles IX en prit une et passa l'autre au duc d'Anjou.

Le duc de Guise marcha le premier, l'épée à la main.

Henri ferma la marche.

On arriva au premier étage.

Dans la salle à manger était servi, ou plutôt desservi le souper, car c'était particulièrement le souper qui avait fourni les projectiles. Les candélabres étaient renversés, les meubles sens dessus dessous, et tout ce qui n'était pas vaisselle d'argent en pièces.

On passa dans le salon. Là pas plus de renseignement que dans la première chambre sur l'identité des personnages. Des livres grecs et latins, quelques instruments de musique, voilà tout ce que l'on trouva.

La chambre à coucher était plus muette encore. Une veilleuse brûlait dans un globe d'albâtre suspendu au plafond, mais on ne paraissait pas même être entré dans cette chambre.

— Il y a une seconde sortie, dit le roi.

— C'est probable, dit le duc d'Anjou.

— Mais où est-elle? demanda le duc de Guise.

On chercha de tous côtés, on ne la trouva pas.

— Où est le concierge? demanda le roi.

— Je l'ai attaché à la grille, dit le duc de Guise.

— Interrogez-le, cousin.

— Il ne voudra pas répondre.

— Bah! on lui fera un petit feu bien sec autour des jambes, dit le roi en riant, et il faudra bien qu'il parle.

Henri regarda vivement par la fenêtre.

— Il n'y est plus, dit-il.

— Qui l'a détaché? demanda vivement le duc de Guise.

— Mort-diable! s'écria le roi, nous ne saurons rien encore.

— En effet, dit Henri, vous voyez bien, Sire, que rien ne prouve que ma femme et la belle-sœur de M. de Guise aient été dans cette maison.

— C'est vrai, dit Charles, l'Écriture nous l'apprend ; il y a trois choses qui ne laissent pas de traces : l'oiseau dans l'air, le poisson dans l'eau, et la femme..... non, je me trompe, l'homme chez...

— Ainsi, interrompit Henri, ce que nous avons de mieux à faire...

— Oui, dit Charles, c'est de soigner, moi ma contusion ; vous, d'Anjou, d'essuyer votre sirop d'oranges, et vous, Guise, de faire disparaître votre graisse de sanglier.

Et là-dessus ils sortirent sans se donner la peine de refermer la porte.

Arrivés à la rue Saint-Antoine :

— Où allez-vous, Messieurs ? dit le roi au duc d'Anjou et au duc de Guise.

— Sire, nous allons chez Nantouillet, qui nous attend à souper, mon cousin de Lorraine et moi. Votre Majesté veut-elle venir avec nous ?

— Non, merci, nous allons du côté opposé. Voulez-vous un de mes porte-torches ?

— Nous vous rendons grâce, Sire, dit vivement le duc d'Anjou.

— Bon, il a peur que je ne le fasse espionner, souffla Charles à l'oreille du roi de Navarre.

Puis prenant ce dernier par-dessous le bras :

— Viens, Henriot, dit-il, je te donne à souper ce soir.

— Nous ne rentrons donc pas au Louvre? demanda Henri.

— Non, te dis-je, triple entêté, viens avec moi, puisque je te dis de venir, viens.

Et il entraîna Henri par la rue Geoffroy-Lasnier.

VII

Anagrame.

Au milieu de la rue Geoffroy-Lasnier, venait aboutir la rue Garnier-sur-l'Eau, et au bout de la rue Garnier-sur-l'Eau s'étendait, à droite et à gauche, la rue des Barres.

Là, en faisant quelques pas vers la rue de la Mortellerie, on trouvait à droite une petite maison isolée au milieu d'un jardin clos de hautes murailles et auquel une porte pleine donnait seule entrée.

Charles tira une clé de sa poche, ouvrit la porte, qui céda aussitôt, étant fermée seulement au pêne ; puis ayant fait passer Henri et le laquais qui portait la torche, il referma la porte derrière lui.

Une seule petite fenêtre était éclairée. Charles la montra du doigt en souriant à Henri.

— Sire, je ne comprends pas, dit celui-ci.

— Tu vas comprendre, Henriot.

Le roi de Navarre regarda Charles avec étonnement ; sa voix, son visage, avaient pris une expression de douceur qui était si loin du caractère habituel de sa physionomie, que Henri ne le reconnaissait pas.

— Henriot, lui dit le roi, je t'ai dit que lorsque je sortais du Louvre, je sortais de l'enfer ; quand j'entre ici, j'entre dans le paradis.

— Sire, dit Henri, je suis heureux que Votre Majesté m'ait trouvé digne de me faire faire le voyage du ciel avec elle.

— Le chemin en est étroit, dit le roi en s'engageant dans un petit escalier, mais c'est pour que rien ne manque à la comparaison.

— Et quel est l'ange qui garde l'entrée de votre Eden, Sire ?

— Tu vas voir, répondit Charles IX; et faisant signe à Henri de le suivre sans bruit, il poussa une première porte, puis une seconde et s'arrêta sur le seuil.

— Regarde ! dit-il.

Henri s'approcha et demeura l'œil fixe sur un des plus charmants tableaux qu'il eût vus.

C'était une femme de dix-huit à dix-neuf ans à peu près, dormant la tête posée sur le pied du lit d'un enfant endormi, dont elle tenait entre ses deux mains les petits pieds rapprochés de ses lèvres, tandis que ses longs cheveux blonds ondoyaient, épandus comme un flot d'or.

On eût dit un tableau de l'Albane représentant la Vierge et l'enfant Jésus.

— Oh! Sire, dit le roi de Navarre, quelle est cette charmante créature?

— L'ange de mon paradis, Henriot, le seul être qui m'aime pour moi.

Henri sourit.

— Oui, pour moi, dit Charles, car elle m'a aimé avant de savoir que j'étais roi.

— Et depuis qu'elle le sait?

— Eh bien, depuis qu'elle le sait, dit Charles avec un soupir qui prouvait que cette sanglante royauté lui était lourde parfois, depuis qu'elle le sait, elle m'aime encore; ainsi juge.

Le roi s'approcha tout doucement, et sur

la joue en fleur de la jeune femme, il posa un baiser aussi léger que celui d'une abeille sur un lis.

Et cependant la jeune femme se réveilla.

— Charles ! murmura-t-elle en ouvrant les yeux.

— Tu vois, dit le roi, elle m'appelle Charles ; la reine dit Sire.

— Oh ! s'écria la jeune femme, vous n'êtes pas seul, mon roi.

— Non, ma bonne Marie. J'ai voulu t'amener un autre roi plus heureux que moi, car il n'a pas de couronne ; plus malheureux que moi, car il n'a pas une Marie

Touchet. Dieu fait une compensation à tout.

— Sire, c'est le roi de Navarre? demanda Marie.

— Lui-même, mon enfant. — Approche Henriot.

Le roi de Navarre s'approcha, Charles lui prit la main droite.

— Regarde cette main, Marie, dit-il, c'est la main d'un bon frère et d'un loyal ami. Sans cette main, vois-tu...

— Eh bien, Sire ?

— Eh bien, sans cette main, aujourd'hui, Marie, notre enfant n'avait plus de père.

Marie jeta un cri, tomba à genoux, saisit la main de Henri et la baisa.

— Bien, Marie, bien, dit Charles.

— Et qu'avez-vous fait pour le remercier, Sire ?

— Je lui ai rendu la pareille.

Henri regarda Charles avec étonnement.

— Tu sauras un jour ce que je veux dire, Henriot. En attendant, viens voir.

Et il s'approcha du lit où l'enfant dormait toujours.

— Eh ! dit-il, si ce gros garçon-là dormait au Louvre au lieu de dormir ici, dans cette petite maison de la rue des Barres ; cela changerait bien des choses dans le présent, et peut-être dans l'avenir*.

— Sire, dit Marie, n'en déplaise à Votre Majesté, j'aime mieux qu'il dorme ici, il dort mieux.

— Ne troublons donc pas son sommeil, dit le roi, c'est si bon de dormir quand on ne fait pas de rêves !

— Eh bien ! Sire, fit Marie en étendant la main vers une des portes qui donnaient dans cette chambre.

— Oui, tu as raison, Marie, dit Charles IX. Soupons.

---

* En effet, cet enfant naturel, qui n'était autre que le fameux duc d'Angoulême qui mourut en 1650, supprimait, s'il eût été légitime, Henri III, Henri IV, Louis XIII, Louis XIV. Que nous donnait-il à la place ? L'esprit se confond et se perd dans les ténèbres d'une pareille question.

— Mon bien-aimé Charles, dit Marie, vous direz au roi votre frère de m'excuser, n'est-ce pas ?

— Et de quoi ?

— De ce que j'ai renvoyé nos serviteurs : Sire, continua Marie s'adressant au roi de Navarre, vous saurez que Charles ne veut être servi que par moi.

— Ventre-saint-gris ! dit Henri, je le crois bien.

Les deux hommes passèrent dans la salle à manger, tandis que la mère, inquiète et soigneuse, couvrait d'une chaude étoffe le petit Charles, qui, grâce à son bon sommeil d'enfant que lui enviait son père, ne s'était pas réveillé.

Marie vint les rejoindre.

— Il n'y a que deux couverts ! dit le roi.

— Permettez, dit Marie, que je serve Vos Majestés.

— Allons, dit Charles, voilà que tu me portes malheur, Henriot.

— Comment, Sire ?

— N'entends-tu pas ?

— Pardon, Charles, pardon.

— Je te pardonne. Mais place-toi là, près de moi, entre nous deux.

— J'obéis, dit Marie.

Elle apporta un couvert, s'assit entre les deux rois et les servit.

— N'est-ce pas, Henriot, que c'est bon, dit Charles, d'avoir un endroit au monde dans lequel on ose boire et manger sans avoir besoin que personne fasse avant vous l'essai de votre vin et de vos viandes?

— Sire, dit Henri en souriant et en répondant par le sourire à l'appréhension éternelle de son esprit, croyez que j'apprécie votre bonheur plus que personne.

— Aussi, dis-lui bien, Henriot, que pour que nous demeurions ainsi heureux, il ne faut pas qu'elle se mêle de politique; il ne faut pas qu'elle vienne à la cour, il ne faut pas surtout qu'elle fasse connaissance avec ma mère.

— La reine Catherine aime en effet Votre Majesté avec tant de passion, qu'elle pourrait être jalouse de tout autre amour, répondit Henri trouvant, par un subterfuge, le moyen d'échapper à la dangereuse confiance du roi.

— Marie, dit le roi, je te présente un des hommes les plus fins et les plus spirituels que je connaisse. A la cour, vois-tu, et ce n'est pas peu dire, il a mis tout le monde dedans; moi seul ai vu clair peut-être, je ne dis pas dans son cœur, mais dans son esprit.

— Sire, dit Henri, je suis fâché qu'en exagérant l'un comme vous le faites, vous doutiez de l'autre.

— Je n'exagère rien, Henriot, dit le roi ; d'ailleurs on te connaîtra un jour. — Puis se retournant vers la jeune femme : — Il fait surtout les anagrammes à ravir. Dis-lui de faire celle de ton nom, et je réponds qu'il la fera.

— Oh! que voulez-vous qu'on trouve dans le nom d'une pauvre fille comme moi? quelle gracieuse pensée peut sortir de cet assemblage de lettres avec lequel le hasard a écrit Marie Touchet?

— Oh! l'anagramme de ce nom, Sire, dit Henri, est trop facile, et je n'ai pas eu grand mérite à la trouver.

— Ah! ah! c'est déjà fait, dit Charles. Tu vois..., Marie.

Henri tira de la poche de son pourpoint ses tablettes, en déchira une page, et en dessous du nom :

Marie Touchet,

écrivit :

Je charme tout.

Puis il passa la feuille à la jeune femme.

— En vérité, s'écria-t-elle, c'est impossible!

— Qu'a-t-il trouvé? demanda Charles.

— Sire, je n'ose répéter, moi.

— Sire, dit Henri, dans le nom de Marie Touchet, il y a, lettre pour lettre, en faisant de l'I un J, comme c'est l'habitude : *Je charme tout.*

— En effet, s'écria Charles, lettre pour lettre. Je veux que ce soit ta devise, entends-tu, Marie? Jamais devise n'a été mieux méritée. Merci, Henriot. Marie, je te la donnerai écrite en diamants.

Le souper s'acheva; deux heures sonnèrent à Notre-Dame.

— Maintenant, dit Charles, en récompense de son compliment, Marie, tu vas lui donner un fauteuil où il puisse dormir jusqu'au jour ; bien loin de nous seulement, parce qu'il ronfle à faire peur. Puis, si tu t'éveilles avant moi, tu me réveilleras, car nous devons être à six heures du matin à la Bastille. Bonsoir, Henriot. Arrange-toi comme tu voudras. Mais, ajouta-t-il en s'approchant du roi de Navarre et en lui posant la main sur l'épaule, sur ta vie, entends-tu bien, Henri ! sur ta vie, ne sors pas d'ici sans moi, surtout pour retourner au Louvre.

Henri avait soupçonné trop de choses dans ce qu'il n'avait pas compris pour manquer à une telle recommandation.

Charles IX entra dans sa chambre, et

Henri, le dur montagnard, s'accommoda sur un fauteuil, où bientôt il justifia la précaution qu'avait prise son beau-frère de l'éloigner de lui.

Le lendemain, au point du jour, il fut éveillé par Charles. Comme il était resté tout habillé, sa toilette ne fut pas longue. Le roi était heureux et souriant comme on ne le voyait jamais au Louvre. Les heures qu'il passait dans cette petite maison de la rue des Barres étaient ses heures de soleil.

Tous deux repassèrent par la chambre à coucher. La jeune femme dormait dans son lit ; l'enfant dormait dans son berceau. Tous deux souriaient en dormant.

Charles les regarda un instant avec une

tendresse infinie. Puis se retournant vers le roi de Navarre :

— Henriot, lui dit-il, s'il t'arrivait jamais d'apprendre quel service je t'ai rendu cette nuit, et qu'à moi il m'arrivât malheur, souviens-toi de cet enfant qui repose là dans son berceau.

Puis les embrassant tous deux au front, sans donner à Henri le temps de l'interroger :

— Au revoir, mes anges, dit-il.

Et il sortit.

Henri le suivit tout pensif.

Des chevaux tenus en main par les gentilshommes auxquels Charles IX avait donné rendez-vous, les attendaient à la Bastille. Charles fit signe à Henri de monter à cheval, se mit en selle, sortit par le jardin de l'Arbalète, et suivit les boulevards extérieurs.

— Où allons-nous? demanda Henri.

— Nous allons, répondit Charles, voir si le duc d'Anjou est revenu pour madame de Condé seule, et s'il y a dans ce cœur-là autant d'ambition que d'amour, ce dont je doute fort.

Henri ne comprenait rien à l'explication : il suivit Charles sans rien dire.

En arrivant au Marais, et comme à l'abri des palissades on découvrait tout ce qu'on appelait alors les faubourgs Saint-Laurent, Charles montra à Henri, à travers la brume grisâtre du matin, des hommes enveloppés de grands manteaux et coiffés de bonnets de fourrures qui s'avançaient à cheval, précédant un fourgon pesamment chargé. A mesure qu'ils avançaient, ces hommes prenaient une forme plus précise, et l'on pouvait voir à cheval comme eux, et causant avec le principal d'entre eux, un autre homme vêtu d'un long manteau brun et le front ombragé d'un chapeau à la française.

— Ah! ah! dit Charles en souriant, je m'en doutais.

— Eh! Sire, dit Henri, je ne me trompe pas, ce cavalier au manteau brun, c'est le duc d'Anjou.

— Lui-même, dit Charles IX ; range-toi

un peu, Henriot, je désire qu'il ne nous voie pas.

— Mais, demanda Henri, les hommes aux manteaux grisâtres et aux bonnets fourrés, quels sont-ils? Et dans ce chariot, qu'y a-t-il?

— Ces hommes, dit Charles, ce sont les ambassadeurs polonais, et dans ce chariot il y a une couronne. — Et maintenant, continua-t-il en mettant son cheval au galop et en reprenant le chemin de la porte du Temple, viens, Henriot, j'ai vu tout ce que je voulais voir.

VIII

La rentrée au Louvre.

Lorsque Catherine pensa que tout était fini dans la chambre du roi de Navarre, que les gardes morts étaient enlevés, que Maurevel était transporté chez lui, que les tapis étaient lavés, elle congédia ses femmes, car il était minuit à peu près, et elle essaya de dormir. Mais la secousse avait été trop violente et la déception trop forte. Ce Henri détesté, échappant éternellement à ses embûches d'ordinaire mortelles, semblait protégé par quelque puissance invisible, que Catherine s'obstinait à appeler le hasard, quoiqu'au fond de son cœur une voix lui dit que le véritable nom de cette puissance fût la destinée. Cette idée, que le bruit de cette nouvelle tentative, en se répandant dans le Louvre et hors du Louvre, allait donner à Henri et aux huguenots une plus grande confiance encore dans l'avenir, l'exaspérait, et en ce moment, si ce hasard contre lequel elle luttait si malheureusement lui eût livré son ennemi, certes, avec le petit poignard florentin qu'elle portait à sa ceinture, elle eût déjoué cette fatalité si favorable au roi de Navarre.

Les heures de la nuit, ces heures si lentes à celui qui attend et qui veille, sonnèrent donc les unes après les autres sans que Catherine pût fermer l'œil. — Tout un monde de projets nouveaux se déroula pendant ces heures nocturnes dans son esprit plein de visions. Enfin au point du jour elle se leva, s'habilla toute seule et s'achemina vers l'appartement de Charles IX.

Les gardes, qui avaient l'habitude de la voir venir chez le roi à toute heure du jour et de la nuit, la laissèrent passer. Elle traversa donc l'antichambre et atteignit le cabinet des armes. Mais là elle trouva la nourrice de Charles qui veillait.

— Mon fils? dit la reine.

— Madame, il a défendu qu'on entrât dans sa chambre avant huit heures, et il n'est pas huit heures.

— Cette défense n'est pas pour moi, nourrice.

— Elle est pour tout le monde, Madame.

Catherine sourit.

— Oui, je sais bien, reprit la nourrice, je sais bien que nul ici n'a droit de faire obstacle à Votre Majesté ; je la supplierai donc d'écouter la prière d'une pauvre femme et de ne pas aller plus avant.

— Nourrice, il faut que je parle à mon fils.

— Madame, je n'ouvrirai la porte que sur un ordre formel de Votre Majesté.

— Ouvrez, nourrice, dit Catherine, je le veux.

La nourrice, à cette voix plus respectée et surtout plus redoutée au Louvre que celle de Charles lui-même, présenta la clé à Catherine, mais Catherine n'en avait pas besoin. Elle tira de sa poche la clé qui ouvrait la porte de son fils, et sous sa rapide pression la porte céda.

La chambre était vide, la couche de Charles était intacte, et son lévrier Actéon, couché sur la peau d'ours étendue à la descente de son lit, se leva et vint lécher les mains d'ivoire de Catherine.

— Ah ! dit la reine en fronçant le sourcil, il est sorti. J'attendrai.

Et elle alla s'asseoir, pensive et sombrement recueillie, à la fenêtre qui donnait sur la cour du Louvre et de laquelle on découvrait le principal guichet.

Depuis deux heures elle était là, immobile et pâle comme une statue de marbre, lorsqu'elle aperçut enfin rentrant au Louvre une troupe de cavaliers à la tête desquels elle reconnut Charles et Henri de Navarre.

Alors elle comprit tout. Charles, au lieu de discuter avec elle sur l'arrestation de son beau-frère, l'avait emmené et sauvé ainsi.

— Aveugle, aveugle, aveugle! murmura-t-elle, et elle attendit.

Un instant après des pas retentirent dans

la chambre à côté, qui était le cabinet des armes.

— Mais Sire, disait Henri, maintenant que nous voilà rentrés au Louvre, dites-moi pourquoi vous m'en avez fait sortir et quel est le service que vous m'avez rendu ?

— Non pas, non pas, Henriot, répondit Charles en riant. Un jour tu le sauras peut-être ; mais pour le moment c'est un mystère. Sache seulement que pour l'heure tu vas, selon toute probabilité, me valoir une rude querelle avec ma mère.

En achevant ces mots, Charles souleva la tapisserie et se trouva face à face avec Catherine.

Derrière lui et par-dessus son épaule

apparaissait la tête pâle et inquiète du Béarnais.

— Ah ! vous êtes ici, Madame ? dit Charles IX en fronçant le sourcil.

— Oui, mon fils, dit Catherine. J'ai à vous parler.

— A moi ?

— A vous seul.

— Allons, allons, dit Charles en se retournant vers son beau-frère, puisqu'il n'y avait pas moyen d'y échapper, le plutôt est le mieux.

— Je vous laisse, Sire ; dit Henri.

— Oui, oui, laisse-nous, répondit Charles, et puisque tu es catholique, Henriot, va entendre la messe à mon intention, moi je reste au prêche.

Henri salua et sortit.

Charles IX alla au devant des questions que venait lui adresser sa mère.

— Eh bien ! Madame, dit-il en essayant de tourner la chose au rire ; — pardieu ! vous m'attendez pour me gronder, n'est-ce pas? J'ai fait manquer irréligieusement votre petit projet. Eh ! mort d'un diable ! je ne pouvais pas cependant laisser arrêter et conduire à la Bastille l'homme qui venait de me sauver la vie. Je ne voulais pas non plus me quereller avec vous ; je suis bon fils. Et puis, ajouta-t-il tout bas, le bon Dieu punit les enfants qui se querellent avec leur mère, témoin mon frère François II. Pardonnez-moi donc franchement et avouez ensuite que la plaisanterie était bonne.

— Sire, dit Catherine, Votre Majesté se trompe; il ne s'agit pas d'une plaisanterie.

— Si fait, si fait! et vous finirez par l'envisager ainsi, ou le diable m'emporte!

— Sire, vous avez par votre faute fait manquer tout un plan qui devait nous amener à une grande découverte.

— Bah! un plan... Est-ce que vous êtes embarrassée pour un plan avorté, vous, ma mère! Vous en ferez vingt autres, et dans ceux-là, eh bien! je vous promets de vous seconder.

— Maintenant, me secondassiez-vous, il

est trop tard, car il est averti et il se tiendra sur ses gardes.

— Voyons, fit le roi, venons au but. Qu'avez-vous contre Henriot?

— J'ai contre lui qu'il conspire.

— Oui, je comprends bien, c'est votre accusation éternelle; mais tout le monde ne conspire-t-il pas peu ou prou dans cette charmante résidence royale qu'on appelle le Louvre?

— Mais lui conspire plus que personne, et il est d'autant plus dangereux que personne ne s'en doute.

— Voyez-vous, le Lorenzino! dit Charles.

— Écoutez, dit Catherine s'assombrissant à ce nom qui lui rappelait une des plus sanglantes catastrophes de l'histoire florentine ; écoutez, il y a un moyen de me prouver que j'ai tort.

— Et lequel, ma mère ?

— Demandez à Henri qui était cette nuit dans sa chambre.

— Dans sa chambre... cette nuit ?

— Oui. Et s'il vous le dit...

— Eh bien ?

— Eh bien ! je suis prête à avouer que je me trompais.

— Mais si c'était une femme cependant, nous ne pouvons pas exiger....

— Une femme ?

— Oui.

— Une femme qui a tué deux de vos gardes et qui a blessé mortellement peut-être M. de Maurevel !

— Oh! oh! dit le roi, cela devient sérieux. — Il y a eu du sang répandu ?

— Trois hommes sont restés couchés sur le plancher.

— Et celui qui les a mis dans cet état?

— S'est sauvé sain et sauf.

— Par Gog et Magog! dit Charles, c'était un brave, et vous avez raison, ma mère, je veux le connaître.

— Eh bien! je vous le dis d'avance, vous ne le connaîtrez pas, du moins par Henri.

— Mais par vous, ma mère. Cet homme

n'a pas fui ainsi sans laisser quelque indice, sans qu'on ait remarqué quelque partie de son habillement ?

— On n'a remarqué que le manteau cerise fort élégant dans lequel il était enveloppé.

— Ah ! ah ! un manteau cerise ! dit Charles ; je n'en connais qu'un à la cour assez remarquable pour qu'il frappe ainsi les yeux.

— Justement, dit Catherine.

— Eh bien ? demanda Charles.

— Eh bien ! dit Catherine, attendez-moi chez vous, mon fils, et je vais voir si mes ordres ont été exécutés.

Catherine sortit et Charles demeura seul,

se promenant de long en large avec distraction, sifflant un air de chasse, une main dans son pourpoint et laissant pendre l'autre main, que léchait son lévrier chaque fois qu'il s'arrêtait.

Quant à Henri, il était sorti de chez son beau-frère fort inquiet, et, au lieu de suivre le corridor ordinaire, il avait pris le petit escalier dérobé dont plus d'une fois déjà il a été question et qui conduisait au second étage. Mais à peine avait-il monté quatre marches qu'au premier tournant il aperçut une ombre. Il s'arrêta en portant la main à son poignard. Aussitôt il reconnut une femme, et une charmante voix dont le timbre lui était familier lui dit en lui saisissant la main :

— Dieu soit loué, Sire, vous voilà sain

et sauf. J'ai eu bien peur pour vous ; mais sans doute Dieu a exaucé ma prière.

— Qu'est-il donc arrivé ? dit Henri.

— Vous le saurez en rentrant chez vous. Ne vous inquiétez point d'Orthon, je l'ai recueilli.

Et la jeune femme descendit rapidement, croisant Henri comme si c'était par hasard qu'elle l'eût rencontré sur l'escalier.

— Voilà qui est bizarre, se dit Henri ; que s'est-il donc passé ? — Qu'est-il arrivé à Orthon ?

La question malheureusement ne pouvait être entendue de madame de Sauve, car madame de Sauve était déjà loin.

Au haut de l'escalier Henri vit tout-à-coup

apparaître une autre ombre ; mais celle-là, c'était celle d'un homme.

— Chut ! dit cet homme.

— Ah ! ah ! c'est vous, François !

— Ne m'appelez point par mon nom.

— Que s'est-il donc passé ?

— Rentrez chez vous et vous le saurez ; puis ensuite glissez-vous dans le corridor, regardez bien de tous côtés si personne ne vous épie, entrez chez moi, la porte sera seulement poussée.

Et il disparut à son tour par l'escalier, comme ces fantômes qui au théâtre s'abîment dans une trappe.

— Ventre saint gris ! murmura le Béarnais, l'énigme se continue ; mais puisque le mot est chez moi, allons-y et nous verrons bien.

Cependant ce ne fut pas sans émotion que Henri continua son chemin ; il avait la sensibilité, cette superstition de la jeunesse. Tout se reflétait nettement sur cette âme à la surface unie comme un miroir, et tout ce qu'il venait d'entendre lui présageait un malheur.

Il arriva à la porte de son appartement et écouta. Aucun bruit ne s'y faisait entendre. D'ailleurs, puisque Charlotte lui avait dit de rentrer chez lui, il était évident qu'il n'avait rien à craindre en y rentrant. Il jeta un coup-d'œil rapide autour de l'antichambre, elle était solitaire ; mais rien ne lui ind quait encore quelle chose s'était passée.

— En effet, dit-il, Orthon n'est point là.

Et il passa dans la seconde chambre.

Là, tout lui fut expliqué.

Malgré l'eau qu'on avait jetée à flots, de larges taches rougeâtres marbraient le plancher ; un meuble était brisé, les tentures du lit déchiquetées à coups d'épée, un miroir de Venise était brisé par le choc d'une balle et une main sanglante appuyée contre la muraille, et qui avait laissé sa terrible empreinte, annonçait que cette chambre muette alors avait été témoin d'une lutte mortelle.

Henri recueillit d'un œil hagard tous ces différents détails, passa sa main sur son front moite de sueur, et murmura :

— Ah ! je comprends ce service que m'a rendu le roi ; on est venu pour m'assassiner. — Et — Ah ! — de Mouy ! qu'ont-ils fait de de Mouy ? Les misérables ! ils l'auront tué !

Et, aussi pressé d'apprendre des nouvelles que le duc d'Alençon l'était de lui en donner, Henri, après avoir jeté une dernière fois un morne regard sur les objets qui l'entouraient, s'élança hors de la chambre, gagna le corridor, s'assura qu'il était bien solitaire, et poussant la porte entrebâillée qu'il referma avec soin derrière lui, il se précipita chez le duc d'Alençon.

Le duc l'attendait dans la première pièce. Il prit vivement la main de Henri, l'entraîna, en mettant un doigt sur sa bouche, dans un petit cabinet en tourelle, complètement isolé, et par conséquent échappant par sa position à tout espionnage.

— Ah! mon frère, lui dit-il, quelle horrible nuit!

— Que s'est-il donc passé? demanda Henri.

— On a voulu vous arrêter.

— Moi?

— Oui, vous.

— Et à quel propos?

— Je ne sais. Où étiez-vous?

— Le roi m'avait emmené hier soir avec lui par la ville.

— Alors il le savait, dit d'Alençon. Mais

puisque vous n'étiez pas chez vous, qui donc y était?

— Y avait-il donc quelqu'un chez moi? demanda Henri comme s'il l'eût ignoré.

— Oui, un homme. Quand j'ai entendu le bruit, j'ai couru pour vous porter secours; mais il était trop tard.

— L'homme était arrêté? demanda Henri avec anxiété.

— Non, il s'était sauvé après avoir blessé dangereusement Maurevel et tué deux gardes.

— Ah! brave de Mouy! s'écria Henri.

— C'était donc de Mouy? dit vivement d'Alençon.

Henri vit qu'il avait fait une faute.

— Du moins, je le présume, dit il, car je lui avais donné rendez-vous pour m'entendre avec lui de votre fuite, et lui dire que je vous avais concédé tous mes droits au trône de Navarre.

— Alors, si la chose est sue, dit d'Alençon en pâlissant, nous sommes perdus.

— Oui, car Maurevel parlera.

— Maurevel a reçu un coup d'épée dans la gorge; et je m'en suis informé au chirurgien qui l'a pansé, de plus de huit jours il ne pourra prononcer une seule parole.

— Huit jours! c'est plus qu'il n'en faudra à de Mouy pour se mettre en sûreté.

— Après cela, dit d'Alençon, ça peut-être un autre que M. de Mouy.

— Vous croyez, dit Henri.

— Oui, cet homme a disparu très vite et l'on n'a vu que son manteau cerise.

— En effet, dit Henri, un manteau cerise est bon pour un dameret et non pour un soldat. Jamais on ne soupçonnera de Mouy sous un manteau cerise.

— Non. Si l'on soupçonnait quelqu'un, dit d'Alençon, ce serait plutôt...

Il s'arrêta.

— Ce serait plutôt M. de La Mole, dit Henri.

— Certainement, puisque moi-même, qui ai vu fuir cet homme, j'ai douté un instant.

— Vous avez douté! En effet, ce pourrait bien être M. de La Mole.

— Ne sait-il rien? demanda d'Alençon.

— Rien absolument, du moins rien d'important.

— Mon frère, dit le duc, maintenant je crois véritablement que c'était lui.

— Diable! dit Henri, si c'est lui, cela va faire grand peine à la reine, qui lui porte intérêt.

— Intérêt, dites-vous? demanda d'Alençon interdit.

— Sans doute. Ne vous rappelez-vous pas, François, que c'est votre sœur qui vous l'a recommandé.

— Si fait, dit le duc d'une voix sourde; aussi je voudrais lui être agréable, et la preuve c'est que, de peur que son manteau rouge ne le compromît ; je suis monté chez lui et je l'ai rapporté chez moi.

— Oh ! oh ! dit Henri, voilà qui est doublement prudent ; et maintenant je ne parierais pas, mais je jurerais que c'était lui.

— Même en justice ? demanda François.

— Ma foi oui, répondit Henri. Il sera venu m'apporter quelque message de la part de Marguerite.

— Si j'étais sûr d'être appuyé par votre témoignage, dit d'Alençon, moi je l'accuserais presque.

— Si vous accusiez, répondit Henri, vous comprenez, mon frère, que je ne vous démentirais pas.

— Mais la reine ? dit d'Alençon.

— Ah ! oui, la reine.

— Il faut savoir ce qu'elle fera.

— Je me charge de la commission.

— Peste, mon frère ! elle aurait tort de nous démentir, car voilà une flambante réputation de vaillant faite à ce jeune homme, et qui ne lui aura pas coûté cher, car il l'aura achetée à crédit. Il est vrai qu'il pourra bien rembourser ensemble intérêts et capital.

— Dame ! que voulez-vous ! dit Henri, dans ce bas monde on n'a rien pour rien !

Et saluant d'Alençon de la main et du sourire, il passa avec précaution sa tête dans le corridor ; et s'étant assuré qu'il n'y avait personne aux écoutes, il se glissa rapidement et disparut dans l'escalier dérobé qui conduisait chez Marguerite.

De son côté, la reine de Navarre n'était guère plus tranquille que son mari. L'expédition de la nuit dirigée contre elle et la duchesse de Nevers, par le roi, par le duc d'Anjou, par le duc de Guise et par Henri, qu'elle avait reconnu, l'inquiétait fort. Sans doute il n'y avait aucune preuve qui pût la compromettre, le concierge détaché de sa grille par La Mole et Coconnas avait affirmé être resté muet. Mais quatre seigneurs de la taille de ceux à qui deux simples gentilshommes comme La Mole et Coconnas avaient tenu tête, ne s'étaient pas dérangés de leur chemin au hasard et sans savoir pour qui ils se dérangeaient. Marguerite était donc rentrée au point du jour, après avoir passé le reste de la nuit chez la duchesse de Nevers. Elle s'était couchée aussitôt, mais elle ne pouvait dormir, elle tressaillait au moindre bruit.

Ce fut au milieu de ces anxiétés qu'elle entendit frapper à la porte secrète, et qu'après avoir fait reconnaître le visiteur par Gillonne, elle ordonna de laisser entrer.

Henri s'arrêta à la porte ; rien en lui n'annonçait le mari blessé ; son sourire habituel errait sur ses lèvres fines, et aucun muscle de son visage ne trahissait les terribles émotions à travers lesquelles il venait de passer.

Il parut interroger de l'œil Marguerite pour savoir si elle lui permettait de rester en tête-à-tête avec elle. Marguerite comprit le regard de son mari et fit signe à Gillonne de s'éloigner.

— Madame, dit alors Henri, je sais combien vous êtes attachée à vos amis, et j'ai bien peur de vous apporter une fâcheuse nouvelle.

— Laquelle, Monsieur? demanda Marguerite.

— Un de nos plus chers serviteurs se trouve en ce moment fort compromis.

— Lequel?

— Ce cher comte de la Mole.

— M. le comte de La Mole compromis! et à propos de quoi?

— A propos de l'aventure de cette nuit.

Marguerite, malgré sa puissance sur elle-même, ne put s'empêcher de rougir.

Enfin elle fit un effort :

— Quelle aventure ? demanda-t-elle.

— Comment ! dit Henri, n'avez-vous point entendu tout le bruit qui s'est fait cette nuit au Louvre ?

— Non, Monsieur.

— Oh ! je vous en félicite, Madame, dit Henri avec une naïveté charmante, cela prouve que vous avez un bien excellent sommeil.

— Eh bien, que s'est-il donc passé ?

— Il s'est passé que notre bonne mère avait donné l'ordre à M. de Maurevel et à six de ses gardes de m'arrêter.

— Vous, Monsieur ! vous !

— Oui, moi.

— Et pour quelle raison ?

— Ah ! qui peut dire les raisons d'un esprit profond comme l'est celui de votre mère ? Je les respecte, mais je ne les sais pas.

— Et vous n'étiez pas chez vous ?

— Non ; par hasard, c'est vrai. Vous avez deviné cela, Madame, non, je n'étais pas chez moi. Hier au soir le roi m'a invité à l'accompagner ; mais si je n'étais pas chez moi, un autre y était.

— Et quel était cet autre ?

— Il paraît que c'était le comte de La Mole.

— Le comte de La Mole ! dit Marguerite étonnée.

— Tudieu ! quel gaillard que ce petit Provençal, continua Henri. Comprenez-vous qu'il a blessé Maurevel et tué deux gardes ?

— Blessé M. de Maurevel et tué deux gardes... impossible !

— Comment ! vous doutez de son courage, Madame ?

— Non ; mais je dis que M. de La Mole ne pouvait pas être chez vous.

— Comment ne pouvait-il pas être chez moi ?

— Mais parce que... parce que... reprit Marguerite embarrassée, parce qu'il était ailleurs.

— Ah ! s'il peut prouver un alibi, reprit Henri, c'est autre chose ; il dira où il était, et tout sera fini.

— Où il était ? dit vivement Marguerite.

— Sans doute... La journée ne se passera pas sans qu'il soit arrêté et interrogé. Mais malheureusement, comme on a des preuves...

— Des preuves !... lesquelles ?

— L'homme qui a fait cette défense désespérée avait un manteau rouge.

— Mais il n'y a pas que M. de La Mole qui ait un manteau rouge... je connais un autre homme encore.

— Sans doute, et moi aussi... Mais voilà

ce qui arrivera : si ce n'est pas M. de La Mole qui était chez moi, ce sera cet autre homme à manteau rouge comme lui. Or, cet autre homme, vous savez qui ?

— Ciel !

— Voilà l'écueil ; vous l'avez vu comme moi, Madame, et votre émotion me le prouve. Causons donc maintenant comme deux personnes qui parlent de la chose la plus recherchée du monde — d'un trône — du bien le plus précieux — de la vie... De Mouy arrêté nous perd.

— Oui, je comprends cela.

— Tandis que M. de La Mole ne compromet personne, à moins que vous ne le croyiez capable d'inventer quelque histoire, comme de dire, par hasard, qu'il était en partie avec des dames..., que sais-je... moi ?

— Monsieur, dit Marguerite, si vous ne craignez que cela, soyez tranquille.... il ne le dira point.

— Comment! dit Henri, il se taira, sa mort dût-elle être le prix de son silence?

— Il se taira, Monsieur.

— Vous en êtes sûre ?

— J'en réponds.

— Alors tout est pour le mieux, dit Henri en se levant.

— Vous vous retirez, Monsieur? demanda vivement Marguerite.

— Oh! mon Dieu, oui. Voilà tout ce que j'avais à vous dire.

— Et vous allez...

— Tâcher de nous tirer tous du mauvais pas où ce diable d'homme au manteau rouge nous a mis.

— Oh! mon Dieu! mon Dieu! pauvre jeune homme, s'écria douloureusement Marguerite se tordant les mains.

— En vérité, dit Henri en se retirant, c'est un bien gentil serviteur que ce cher M. de La Mole.

IX

La cordelière de la reine-mère.

Charles était entré riant et railleur chez lui : mais, après une conversation de dix minutes avec sa mère, on eût dit que celle-ci lui avait cédé sa pâleur et sa colère, tandis qu'elle avait repris la joyeuse humeur de son fils.

— M. de La Mole, disait Charles, M. de La Mole... Il faut appeler Henri et le duc d'Alençon. Henri, parce que ce jeune homme était huguenot; le duc d'Alençon, parce qu'il est à son service.

— Appelez-les si vous voulez, mon fils, vous ne saurez rien. Henri et François, j'en ai peur, sont plus liés ensemble que ne pourrait le faire croire l'apparence. Les interroger c'est leur donner des soupçons : mieux vaudrait, je crois, l'épreuve lente et sûre de quelques jours. Si vous laissez respirer les coupables, mon fils, si vous laissez croire qu'ils ont échappé à votre vigilance, enhardis, triomphants, ils vont vous fournir une occasion meilleure de sévir; alors nous saurons tout.

Charles se promenait indécis, rongeant sa

colère, comme un cheval ronge son frein, et comprimant de sa main crispée son cœur mordu par le soupçon.

— Non, non, dit-il enfin, je n'attendrai pas. Vous ne savez pas ce que c'est que d'attendre, escorté comme je le suis de fantômes ; d'ailleurs, tous les jours, ces muguets deviennent plus insolents : cette nuit même deux damoiseaux n'ont-ils pas osé nous tenir tête et se rébeller contre nous... Si M. de La Mole est innocent, c'est bien ; mais je ne suis pas fâché de savoir où était M. de La Mole cette nuit, tandis qu'on battait mes gardes au Louvre et qu'on me battait, moi, rue Cloche-Percée. Qu'on m'aille donc chercher le duc d'Alençon, puis Henri ; je veux les interroger séparément. Quant à vous, vous pouvez rester, ma mère.

Catherine s'assit. Pour un esprit ferme et inflexible comme le sien, tout incident pouvait, courbé par sa main puissante, la conduire à son but, bien qu'il parût s'en écarter. De tout choc jaillit un bruit ou une étincelle. Le bruit guide : l'étincelle éclaire.

Le duc d'Alençon entra : sa conversation avec Henri l'avait préparé à l'entrevue, il était donc assez calme.

Ses réponses furent des plus précises. Prévenu par sa mère de demeurer chez lui, il ignorait complètement les évènements de la nuit. Seulement, comme son appartement se trouvait donner sur le même corridor que celui du roi de Navarre, il avait cru entendre d'abord un bruit comme celui d'une porte qu'on enfonce, puis des imprécations, puis des coups de feu. Alors seulement il s'était hasardé à entrebâiller sa porte et avait vu fuir un homme en manteau rouge.

Charles et sa mère échangèrent un regard.

— En manteau rouge? dit le roi.

— En manteau rouge, reprit d'Alençon.

— Et ce manteau rouge ne vous a donné de soupçon sur personne?

D'Alençon rappela toute sa force pour mentir le plus naturellement possible.

— Au premier aspect, dit-il, je dois avouer à Votre Majesté que j'avais cru reconnaître le manteau incarnat d'un de mes gentilshommes.

— Et comment nommez-vous ce gentilhomme ?

— M. de La Mole.

— Pourquoi M. de La Mole n'était-il pas près de vous comme son devoir l'exigeait ?

— Je lui avais donné congé, dit le duc.

— C'est bien, allez, dit Charles.

Le duc d'Alençon s'avança vers la porte, qui lui avait donné passage pour entrer.

— Non point par celle-là, dit Charles, par celle-ci. Et il lui indiqua celle qui donnait chez sa nourrice.

Charles ne voulait pas que François et Henri se rencontrassent. Il ignorait qu'ils se fussent vus un instant, et que cet instant eût suffi pour que les deux beaux-frères convinssent de leurs faits.

Derrière d'Alençon et sur un signe de Charles, Henri entra à son tour.

Henri n'attendit pas que Charles l'interrogeât.

— Sire, dit-il, Votre Majesté a bien fait de m'envoyer chercher, car j'allais descendre pour lui demander justice.

Charles fronça le sourcil.

— Oui, justice, dit Henri. Je commence par remercier Votre Majesté de ce qu'elle m'a pris hier soir avec elle; car en me prenant avec elle, je sais maintenant qu'elle m'a sauvé la vie; mais qu'avais-je fait pour qu'on tentât sur moi un assassinat?

— Ce n'était point un assassinat, dit vivement Catherine, c'était une arrestation.

— Eh bien! soit, dit Henri. Quel crime avais-je commis pour être arrêté? Si je suis coupable, je le suis autant ce matin qu'hier soir. Dites-moi mon crime, Sire.

Charles regarda sa mère assez embarrassé de la réponse qu'il avait à faire.

— Mon fils, dit Catherine, vous recevez des gens suspects.

— Bien, dit Henri; et ces gens suspects me compromettent, n'est-ce pas, Madame?

— Oui, Henri.

— Nommez-les moi, nommez-les moi! Quels sont-ils? Confrontez-moi avec eux!

— En effet, dit Charles, Henriot a le droit de demander une explication.

— Et je la demande! reprit Henri, qui, sentant la supériorité de sa position, en voulait tirer parti; — je la demande à mon bon frère Charles, à ma bonne mère Catherine. Depuis mon mariage avec Marguerite ne me suis-je pas conduit en bon époux? qu'on le demande à Marguerite; — en bon catholique? qu'on le demande à mon confesseur; — en bon parent? qu'on le demande à tous ceux qui assistaient à la chasse d'hier.

— Oui, c'est vrai, Henriot, dit le roi;

mais, que veux-tu? on prétend que tu conspires.

— Contre qui?

— Contre moi?

— Sire, si j'eusse conspiré contre vous, je n'avais qu'à laisser faire les évènements, quand votre cheval ayant la cuisse cassée ne pouvait se relever, quand le sanglier furieux revenait sur Votre Majesté.

— Eh! mort-diable! ma mère, savez-vous qu'il a raison!

— Mais enfin qui était chez vous cette nuit?

— Madame, dit Henri, dans un temps où si peu osent répondre d'eux-mêmes, je ne répondrai jamais des autres. J'ai quitté mon appartement à sept heures du soir; à dix heures mon frère Charles m'a emmené avec lui : je suis resté avec lui pendant toute la nuit. Je ne pouvais pas à la fois être avec Sa Majesté et savoir ce qui se passait chez moi.

— Mais, dit Catherine, il n'en est pas moins vrai qu'un homme à vous a tué deux gardes de Sa Majesté et blessé M. de Maurevel.

— Un homme à moi? dit Henri. Quel était cet homme, Madame, nommez-le...

— Tout le monde accuse M. de La Mole.

— M. de La Mole n'est point à moi, Madame. M. de La Mole est à M. d'Alençon, à qui il a été recommandé par votre fille.

— Mais enfin, dit Charles, est-ce M. de La Mole qui était chez toi, Henriot?

— Comment voulez-vous que je sache cela, Sire? Je ne dis pas oui, je ne dis pas non... M. de La Mole est un fort gentil serviteur, tout dévoué à la reine de Navarre, et qui m'apporte souvent des messages, soit de Marguerite, à qui il est reconnaissant de l'avoir recommandé à M. le duc d'Alençon, soit de M. le duc lui-même. Je ne puis pas dire que ce ne soit pas M. de La Mole...

— C'était lui, dit Catherine; on a reconnu son manteau rouge.

— M. de La Mole a donc un manteau rouge?

— Oui.

— Et l'homme qui a si bien arrangé mes deux gardes et M. de Maurevel...

— Avait un manteau rouge? demanda Henri.

— Justement, dit Charles.

— Je n'ai rien à dire, reprit le Béarnais.
— Mais il me semble, en ce cas, qu'au lieu de me faire venir, moi qui n'étais point chez moi, c'était M. de La Mole, qui y était, dites-vous, qu'il fallait interroger. Seulement, dit Henri, je dois faire observer une chose à Votre Majesté.

— Laquelle?

— Si c'était moi, qui, voyant un ordre signé de mon roi, me fusse défendu au lieu d'obéir à cet ordre, je serais coupable et mériterais toutes sortes de châtiments; mais ce n'est point moi, c'est un inconnu que cet ordre ne concernait en rien : on a voulu l'arrêter injustement, il s'est défendu, trop bien défendu même, mais il était dans son droit.

— Cependant... murmura Catherine.

— Madame, dit Henri, l'ordre portait-il de m'arrêter?

— Oui, dit Catherine, et c'est Sa Majesté elle-même qui l'avait signé.

— Mais portait-il en outre d'arrêter, si l'on ne me trouvait pas, celui que l'on trouverait à ma place?

— Non, dit Catherine.

— Eh bien ! reprit Henri, à moins qu'on ne prouve, que je conspire et que l'homme qui était dans ma chambre conspire avec moi, cet homme est innocent. Puis, se retournant vers Charles IX :

— Sire, continua Henri, je ne quitte pas le Louvre. Je suis même prêt à me rendre, sur un simple mot de Votre Majesté, dans telle prison d'État qu'il lui plaira de m'indiquer. Mais en attendant la preuve du contraire, j'ai le droit de me dire et je me dirai le très fidèle serviteur, sujet et frère de Votre Majesté.

Et avec une dignité qu'on ne lui avait point vue encore, Henri salua Charles et se retira.

— Bravo, Henriot ! dit Charles quand le roi de Navarre fut sorti.

— Bravo! parce qu'il nous a battus? dit Catherine.

— Et pourquoi n'applaudirais-je pas? Quand nous faisons des armes ensemble et qu'il me touche, est-ce que je ne dis pas bravo! aussi? Ma mère, vous avez tort de mépriser ce garçon-là comme vous le faites.

— Mon fils, dit Catherine en serrant la main de Charles IX, je ne le méprise pas, je le crains.

— Eh bien! vous avez tort, ma mère. Henriot est mon ami, et comme il l'a dit, s'il eût conspiré contre moi, il n'eût eu qu'à laisser faire le sanglier.

— Oui, dit Catherine, pour que M. le duc

d'Anjou, son ennemi personnel, fût roi de France.

— Ma mère, n'importe le motif pour lequel Henriot m'a sauvé la vie ; mais il y a un fait, c'est qu'il me l'a sauvée. Et, mort de tous les diables ! je ne veux pas qu'on lui fasse de la peine : quant à M. de La Mole, eh bien ! je vais m'entendre avec mon frère d'Alençon, auquel il appartient.

C'était un congé que Charles IX donnait à sa mère. Elle se retira en essayant d'imprimer une certaine fixité à ses soupçons errants. M. de La Mole, par son peu d'importance, ne répondait pas à ses besoins.

En rentrant dans sa chambre, à son tour

Catherine trouva Marguerite qui l'attendait.

— Ah! ah! dit-elle, c'est vous, ma fille; je vous ai envoyé chercher hier soir.

— Je le sais, Madame; mais j'étais sortie.

— Et ce matin?

— Ce matin, Madame, je viens vous trouver pour dire à Votre Majesté qu'elle va commettre une grande injustice.

— Laquelle?

— Vous allez faire arrêter M. le comte de La Mole?

— Vous vous trompez, ma fille, je ne fais arrêter personne, c'est le roi qui fait arrêter et non pas moi.

— Ne jouons pas sur les mots, Madame, quand les circonstances sont graves. On va arrêter M. de La Mole, n'est-ce pas ?

— C'est probable.

— Comme accusé de s'être trouvé cette nuit dans la chambre du roi de Navarre et d'avoir tué deux gardes et blessé M. de Maurevel ?

— C'est en effet le crime qu'on lui impute.

— On le lui impute à tort, Madame, dit Marguerite, M. de La Mole n'est pas coupable.

— M. de La Mole n'est pas coupable ! dit Catherine en faisant un soubresaut de joie et en devinant qu'il allait jaillir quelque lueur de ce que Marguerite venait lui dire.

— Non, reprit Marguerite, il n'est pas coupable, il ne peut pas l'être, car il n'était pas chez le roi.

— Et où était-il ?

— Chez moi, Madame.

— Chez vous !

— Oui, chez moi.

Catherine devait un regard foudroyant à cet aveu d'une fille de France, mais elle se contenta de croiser ses mains sur sa ceinture.

— Et... dit-elle après un moment de silence, si l'on arrête M. de La Mole et qu'on l'interroge...

— Il dira où il était et avec qui il était, ma mère, répondit Marguerite quoiqu'elle fût sûre du contraire.

— Puisqu'il en est ainsi, vous avez raison, ma fille, il ne faut pas qu'on arrête M. de La Mole.

Marguerite frissonna : il lui sembla qu'il y avait dans la manière dont sa mère prononçait ces paroles un sens mystérieux et terrible ; mais elle n'avait rien à dire, car ce qu'elle venait demander lui était accordé.

— Mais alors, dit Catherine, si ce n'était point M. de La Mole qui était chez le roi, c'était un autre ?

Marguerite se tut.

— Cet autre, le connaissez-vous, ma fille ? dit Catherine.

— Non, ma mère, dit Marguerite d'une voix mal assurée.

— Voyons, ne soyez pas confiante à moitié.

— Je vous répète, Madame, que je ne le connais pas, répondit une seconde fois Marguerite en pâlissant malgré elle.

— Bien, bien, dit Catherine d'un air indifférent, on s'informera. Allez, ma fille, tranquillisez-vous, votre mère veille sur votre honneur.

Marguerite sortit.

— Ah! murmura Catherine, on se ligue; Henri, Marguerite s'entendent : pourvu que la femme soit muette, le mari est aveugle. Ah! vous êtes bien adroits, mes enfants, et vous vous croyez bien forts;

mais votre force est dans votre union et je vous briserai les uns après les autres. D'ailleurs un jour viendra où Maurevel pourra parler ou écrire, prononcer un nom ou former six lettres, et ce jour-là on saura tout.

Oui, mais d'ici à ce jour-là le coupable sera en sûreté. Ce qu'il y a de mieux, c'est de les désunir tout de suite.

Et en vertu de ce raisonnement, Catherine reprit le chemin des appartements de son fils, qu'elle trouva en conférence avec d'Alençon.

— Ah! ah! dit Charles IX en fronçant le sourcil, c'est vous, ma mère !

— Pourquoi n'avez-vous pas dit *encore!* Le mot était dans votre pensée, Charles.

— Ce qui est dans ma pensée n'appartient qu'à moi, Madame, dit le roi de ce ton brutal qu'il prenait quelquefois, même pour parler à Catherine; que me voulez-vous? dites vite.

— Eh bien! vous aviez raison, mon fils, dit Catherine à Charles, et vous, d'Alençon, vous aviez tort.

— En quoi, Madame? demandèrent les deux princes.

— Ce n'est point M. de La Mole qui était chez le roi de Navarre.

— Ah! ah! dit François en pâlissant.

— Et qui était-ce donc? demanda Charles.

— Nous ne le savons pas encore, mais nous le saurons quand Maurevel pourra parler. Ainsi, laissons là cette affaire, qui ne peut tarder à s'éclaircir, et revenons à M. de La Mole.

— Eh bien ! M. de La Mole, que lui voulez-vous, ma mère, puisqu'il n'était pas chez le roi de Navarre ?

— Non, dit Catherine, il n'était pas chez le roi, mais il était chez... la reine.

— Chez la reine ! dit Charles en partant d'un éclat de rire nerveux.

— Chez la reine ! murmura d'Alençon en devenant pâle comme un cadavre.

— Mais non, mais non, dit Charles, Guise m'a dit avoir rencontré la litière de Marguerite.

— C'est cela, dit Catherine ; elle a une maison en ville.

— Rue Cloche-Percée ! s'écria le roi.

— Oui, je crois, dit Catherine, rue Cloche-Percée.

— Oh! oh! c'est trop fort, dit d'Alençon en enfonçant ses ongles dans les chairs de sa poitrine. Et me l'avoir recommandé à moi-même !

— Ah! mais j'y pense ! dit le roi en s'arrêtant tout à coup, c'est lui alors qui s'est défendu cette nuit contre nous et qui m'a jeté une aiguière d'argent sur la tête, le misérable !

— Oh! oui, répéta François, le misérable ?

— Vous avez raison, mes enfants, dit Catherine sans avoir l'air de comprendre le sentiment qui faisait parler chacun de ses deux fils. Vous avez raison, car une seule indiscrétion de ce gentilhomme peut causer un scandale horrible; perdre une fille de France! il ne faut qu'un moment d'ivresse pour cela.

— Ou de vanité, dit François.

— Sans doute, sans doute, dit Charles; mais nous ne pouvons cependant déférer la cause à des juges, à moins que Henriot ne consente à se porter plaignant.

— Mon fils, dit Catherine en posant la main sur l'épaule de Charles et en l'appuyant d'une façon assez significative pour appeler toute l'attention du roi sur ce qu'elle allait proposer, écoutez bien ce que je vous dis. Il y a crime et il peut y avoir scandale. Mais ce n'est pas avec des juges et des bourreaux qu'on punit ces sortes de délits à la majesté royale. Si vous étiez de simples gentilshommes, je n'aurais rien à vous apprendre; car vous êtes braves tous deux; mais vous êtes princes, vous ne pouvez croiser votre épée contre celle d'un hobereau : avisez à vous venger en princes.

— Mort de tous les diables ! dit Charles, vous avez raison, ma mère, et j'y vais rêver.

— Je vous y aiderai, mon frère, s'écria François.

— Et moi dit Catherine en détachant la cordelière de soie noire qui faisait trois fois le tour de sa taille et dont chaque bout, terminé par un gland, retombait jusqu'aux genoux, je me retire, mais je vous laisse ceci pour me représenter.

Et elle jeta la cordelière aux pieds des deux princes.

— Ah! ah! dit Charles, je comprends.

— Cette cordelière... fit d'Alençon en la ramassant.

— C'est la punition et le silence, dit Catherine victorieuse ; seulement, ajouta-t-elle, il n'y aurait pas de mal à mettre Henri dans tout cela.

Et elle sortit.

— Pardieu, dit d'Alençon, rien de plus facile, et quand Henri saura que sa femme le trahit... Ainsi, ajouta-t-il en se tournant vers le roi, vous avez adopté l'avis de notre mère ?

— De point en point, dit Charles ne se doutant point qu'il enfonçait mille poignards dans le cœur d'Alençon ; cela contrariera Marguerite, mais cela réjouira

Henriot. Puis appelant un officier de ses gardes, il ordonna que l'on fit descendre Henri ; mais se ravisant :

— Non, non, dit-il, je vais le trouver moi-même. Toi, d'Alençon, préviens d'Anjou et Guise.

Et sortant de son appartement il prit le petit escalier tournant par lequel on montait au second, et qui aboutissait à la porte de Henri.

X

Projets de vengeance.

Henri avait profité du moment de répit que lui donnait l'interrogatoire si bien soutenu par lui, pour courir chez madame de Sauve. Il y avait trouvé Orthon complètement revenu de son évanouissement; mais Orthon n'avait pu rien lui dire, si ce n'était que des hommes avaient fait irruption chez lui, et que le chef de ces hommes l'avait frappé d'un coup de pommeau d'épée qui l'avait étourdi. Quant à Orthon, on ne s'en était pas inquiété, Catherine l'avait vu évanoui et l'avait cru mort. Et comme il était revenu à lui dans l'intervalle du départ de la reine-mère, à l'arrivée du capitaine des gardes chargé de déblayer la place, il s'était réfugié chez madame de Sauve.

Henri pria Charlotte de garder le jeune homme jusqu'à ce qu'il eût des nouvelles de de Mouy, qui, du lieu où il s'était retiré, ne pouvait manquer de lui écrire. Alors il enverrait Orthon porter sa réponse à de Mouy, et au lieu d'un homme dévoué il pouvait alors compter sur deux.

Ce plan arrêté, il était revenu chez lui et

philosophait en se promenant de long en large, lorsque tout à coup la porte s'ouvrit et le roi parut.

— Votre Majesté ! s'écria Henri en s'élançant au devant du roi.

— Moi-même... En vérité, Henriot, tu es un exellent garçon, et je sens que je t'aime de plus en plus.

— Sire, dit Henri, Votre Majesté me comble.

— Tu n'as qu'un tort, Henriot.

— Lequel ? celui que Votre Majesté m'a déjà reproché plusieurs fois, dit Henri, de préférer la chasse à courre à la chasse au vol?

— Non, non, je ne parle pas de celui-là, Henriot, je parle d'un autre.

— Que Votre Majesté s'explique, dit Henri, qui vit au sourire de Charles que le roi était de bonne humeur, et je tâcherai de me corriger.

— C'est, ayant de bons yeux comme tu les as, de ne pas voir plus clair que tu ne vois.

— Bah! dit Henriot, est-ce que, sans m'en douter je serais myope, Sire?

— Pis que cela, Henriot, pis que cela, tu es aveugle.

— Ah! vraiment, dit le Béarnais; mais ne serait-ce pas quand je ferme les yeux que ce malheur-là m'arrive?

— Oui-dà! dit Charles, tu en es bien capable. En tout cas je vais te les ouvrir, moi.

— Dieu dit: Que la lumière soit ! et la lumière fut. Votre Majesté est le représentant de Dieu en ce monde ; elle peut donc faire sur la terre ce que Dieu fait au ciel : j'écoute.

— Quand Guise a dit hier soir que ta femme venait de passer escortée d'un damedet, tu n'as pas voulu le croire?

—Sire , dit Henri, comment croire que la sœur de Votre Majesté commette une pareille imprudence !

— Quand il t'a dit que ta femme était allée rue Cloche-Percée, tu n'as pas voulu le croire non plus.

— Comment supposer, Sire, qu'une fille de France risque ainsi publiquement sa réputation !

— Quand nous avons assiégé la maison de la rue Cloche-Percée, et que j'ai reçu, moi, une aiguière d'argent sur l'épaule, d'Anjou une compote d'oranges sur la tête, et de Guise un jambon de sanglier par la figure, tu as vu deux femmes et deux hommes ?

— Je n'ai rien vu, Sire. Votre Majesté doit se rappeler que j'interrogeais le concierge.

— Oui ; mais, corbœuf ! j'ai vu, moi !

Ah ! si Votre Majesté a vu, c'est autre chose.

— C'est-à-dire, j'ai vu deux hommes et deux femmes. Eh bien ! je sais maintenant, à n'en pas douter, qu'une de ces deux femmes était Margot, et qu'un de ces deux hommes était M. de La Mole.

— Eh mais! dit Henri, si M. de La Mole était rue Cloche-Percée, il n'était pas ici?

— Non, dit Charles, non, il n'était pas ici. Mais il n'est plus question de la personne qui était ici, on la connaîtra quand cet imbécile de Maurevel pourra parler ou écrire. Il est question que Margot te trompe.

— Bah! dit Henri, ne croyez donc pas des médisances.

— Quand je te disais que tu es plus que myope, que tu es aveugle, mort diable! veux-tu me croire une fois, entêté! Je te dis que Margot te trompe, et que nous étranglerons ce soir l'objet de ses affections.

Henri fit un bond de surprise et regarda son beau-frère d'un air stupéfait.

— Tu n'en es pas fâché, Henri, au fond, avoue cela. Margot va bien crier comme cent mille corneilles ; mais, ma foi, tant pis. Je ne veux pas qu'on te rende malheureux, moi. Que Condé soit trompé par le duc d'Anjou, je m'en bats l'œil, Condé est mon ennemi ; mais toi, tu es mon frère, tu es plus que mon frère, tu es mon ami.

— Mais, Sire...

— Et je ne veux pas qu'on te moleste, je ne veux pas qu'on te berne ; il y a assez longtemps que tu sers de quintaine à tous ces godelureaux qui arrivent de province pour ramasser nos miettes et courtiser nos femmes; qu'ils y viennent, ou plutôt qu'ils y reviennent, corbœuf! On t'a trompé, Henriot; cela peut arriver à tout le monde; mais tu auras, je te jure, une éclatante satisfaction, et l'on dira demain : Mille noms d'un diable! il paraît que le roi Charles aime son frère Henriot, car cette nuit il a drôlement fait tirer la langue à M. de La Mole.

— Voyons, Sire, dit Henri, est-ce véritablement une chose bien arrêtée?

— Arrêtée, résolue, décidée; le muguet n'aura pas à se plaindre. Nous faisons l'expédition entre moi, d'Anjou, d'Alençon et Guise. Un roi, deux fils de France et un prince souverain sans te compter.

— Comment, sans me compter?

— Oui, tu en seras, toi.

— Moi !

— Oui, toi, dague-moi ce gaillard-là d'une façon royale, tandis que nous l'étranglerons.

— Sire, dit Henri, votre bonté me confond ; mais comment savez-vous...

— Eh ! corne du diable ! il paraît que le drôle s'en est vanté. Il va tantôt chez elle au Louvre, tantôt rue Cloche-Percée. Ils font des vers ensemble, je voudrais bien voir des vers de ce muguet-là ; des pastorales : ils causent de Bion et de Moschus, ils font alterner Daphnis et Corydon. Ah çà ! prends-moi une bonne miséricorde au moins.

— Sire, dit Henri, en y réfléchissant...

— Quoi?

— Votre Majesté comprendra que je ne puis me trouver à une pareille expédition. Être là en personne serait inconvenant, ce me semble. Je suis trop intéressé à la chose pour que mon intervention ne soit pas traitée de férocité. Votre Majesté venge l'honneur de sa sœur sur un fat qui s'est vanté en calomniant ma femme; rien n'est plus simple, et Marguerite, que je maintiens innocente, Sire, n'est pas déshonorée pour cela : mais si je suis de la partie, c'est autre chose ; ma coopération fait d'un acte de justice un acte de vengeance. Ce n'est plus une exécution, c'est un assassinat; ma femme n'est plus calomniée... elle est coupable.

— Mordieu! Henri, tu parles d'or; et je

le disais tout à l'heure encore à ma mère, tu as de l'esprit comme un démon.

Et Charles regarda complaisamment son beau-frère, qui s'inclina pour répondre au compliment.

— Néanmoins, ajouta Charles, tu es content qu'on te débarrasse de ce muguet?

— Tout ce que fait Votre Majesté est bien fait, répondit le roi de Navarre.

— C'est bien, c'est bien alors, laisse-moi donc faire ta besogne, sois tranquille, elle n'en sera pas plus mal faite.

— Je m'en rapporte à vous, Sire, dit Henri.

— Seulement à quelle heure va-t-il ordinairement chez ta femme?

— Mais vers les neuf heures du soir.

— Et il en sort?

— Avant que je n'y arrive, car je ne l'y trouve jamais.

— Vers.

— Vers les onze heures.

— Bon; descends ce soir à minuit, la chose sera faite.

Et Charles ayant cordialement serré la main de Henri, et lui ayant renouvelé ses promesses d'amitié, sortit en sifflant son air de chasse favori.

— Ventre-saint-gris! dit le Béarnais en suivant Charles des yeux, je suis bien trompé si toute cette diablerie ne sort pas encore de chez la reine-mère. En vérité elle ne sait qu'inventer pour nous brouiller, ma femme et moi; un si joli ménage!

Et Henri se mit à rire comme il riait quand personne ne pouvait le voir ni l'entendre.

Vers les sept heures du soir de la même journée où tous ces évènements s'étaient passés, un beau jeune homme, qui venait de prendre un bain, s'épilait et se pommadait avec complaisance, fredonnant une petite chanson devant une glace dans une chambre du Louvre.

A côté de lui dormait ou plutôt se détirait sur un lit un autre jeune homme.

L'un était notre ami La Mole, dont on s'était si fort occupé dans la journée, et dont on s'occupait encore peut-être davantage sans qu'il le soupçonnât, et l'autre son compagnon Coconnas.

En effet, tout ce grand orage avait passé autour de lui sans qu'il eût entendu gronder la foudre, sans qu'il eût vu briller les éclairs. Rentré à trois heures du matin, il était resté couché jusqu'à trois heures du soir, moitié dormant, moitié rêvant, bâtissant des châteaux sur ce sable mouvant qu'on appelle l'avenir; puis il s'était levé, avait été passer une heure chez les baigneurs à la mode, était allé dîner chez maître La Hurière, et, de retour au Louvre, il achevait sa toilette pour aller faire sa visite ordinaire à Marguerite.

— Et tu dis donc que tu as dîné, toi? lui demanda Coconnas en bâillant.

— Ma foi oui, et de grand appétit.

— Pourquoi ne m'as-tu pas amené avec toi, égoïste ?

— Ma foi, tu dormais si fort que je n'ai pas voulu te réveiller. Mais, sais-tu, tu souperas au lieu de dîner. — Surtout n'oublie pas de demander à maître La Hurière de ce petit vin d'Anjou qui lui est arrivé ces jours-ci.

— Il est bon ?

— Demandes-en, je ne te dis que cela.

— Et toi, où vas-tu ?

— Moi, dit La Mole, étonné que son ami lui fît même cette question — où je vais ? — faire ma cour à la reine.

— Tiens, au fait, dit Coconnas, si j'allais dîner à notre petite maison de la rue Cloche-Percée — je dînerais des reliefs d'hier, et il y a un certain vin d'Alicante qui est restaurant.

— Cela serait imprudent, Annibal, mon ami, après ce qui s'est passé cette nuit. D'ailleurs ne nous a-t-on pas fait donner notre parole que nous n'y retournerions pas seuls? Passe-moi donc mon manteau.

— C'est ma foi vrai, dit Coconnas; je l'avais oublié. — Mais où diable est-il donc ton manteau?... Ah! le voilà.

— Non, tu me passes le noir, et c'est le rouge que je te demande. — La reine m'aime mieux avec celui-là.

— Ah! ma foi, dit Coconnas après avoir regardé de tous côtés, cherche-le toi-même, je ne le trouve pas.

— Comment, dit La Mole, tu ne le trouves pas ! mais où donc est-il ?

— Tu l'auras vendu...

— Pourquoi faire ? il me reste encore six écus.

— Alors, mets le mien.

— Ah ! oui... un manteau jaune avec un pourpoint vert, j'aurais l'air d'un papegai.

— Par ma foi, tu es trop difficile. Arrange-toi comme tu voudras, alors.

En ce moment, et comme après avoir tout mis sens dessus dessous, La Mole commençait à se répandre en invectives contre les voleurs qui se glissaient jusque dans le Louvre, un page du duc d'Alençon parut avec le précieux manteau tant demandé.

— Ah! s'écria La Mole, le voilà, enfin!

— Votre manteau, Monsieur? dit le page... Oui, Monseigneur l'avait fait prendre chez vous pour s'éclaircir à propos d'un pari qu'il avait fait sur la nuance.

— Oh! dit La Mole, je ne le demandais que parce que je veux sortir, mais si Son Altesse désire le garder encore...

— Non, Monsieur le comte, c'est fini.

Le page sortit; La Mole agrafa son manteau.

— Eh bien! continua La Mole, à quoi te décides-tu?

— Je n'en sais rien.

— Te retrouverai-je ici ce soir?

— Comment veux-tu que je te dise cela!

— Tu ne sais pas ce que tu feras dans deux heures?

— Je sais bien ce que je ferai, mais je ne sais pas ce qu'on me fera faire.

— La duchesse de Nevers?

— Non, le duc d'Alençon.

— En effet, dit La Mole, je remarque que depuis quelque temps il te fait force amitiés.

— Mais oui, dit Coconnas.

— Alors, ta fortune est faite! dit en riant La Mole.

— Peuh! fit Coconnas, un cadet!

— Oh! dit La Mole, il a si bonne envie de devenir l'aîné, que le ciel fera peut-être un miracle en sa faveur. Ainsi, tu ne sais pas où tu seras ce soir?

— Non.

— Au diable, alors... ou plutôt adieu !

— Ce La Mole est terrible, dit Coconnas, pour vouloir toujours qu'on lui dise où l'on sera! est-ce qu'on le sait? D'ailleurs, je crois que j'ai envie de dormir. Et il se recoucha.

Quant à La Mole, il prit son vol vers les appartements de la reine.

Arrivé au corridor que nous connaissons, il rencontra le duc d'Alençon.

— Ah ! c'est vous, Monsieur de La Mole ? lui dit le prince.

— Oui, Monseigneur, répondit La Mole en saluant avec respect.

— Sortez-vous donc du Louvre?

— Non, Votre Altesse ; je vais présenter mes hommages à Sa Majesté la reine de Navarre.

— Vers quelle heure sortirez-vous de chez elle, Monsieur de La Mole ?

— Monseigneur a-t-il quelques ordres à me donner ?

— Non pas pour le moment, mais j'aurai à vous parler ce soir.

— Vers quelle heure ?

— Mais de neuf à dix.

— J'aurai l'honneur de me présenter à cette heure-là chez Votre Altesse.

— Bien, je compte sur vous.

La Mole salua et continua son chemin.

— Ce duc, dit-il, a des moments où il est pâle comme un cadavre ; c'est singulier.

Et il frappa à la porte de la reine : Gillonne, qui semblait guetter son arrivée, le conduisit près de Marguerite.

Celle-ci était occupée d'un travail qui paraissait la fatiguer beaucoup ; un papier chargé de ratures et un volume d'Isocrate étaient placés devant elle. Elle fit signe à La Mole de la laisser achever un paragraphe ; puis, ayant terminé, ce qui ne fut pas long, elle jeta sa plume et invita le jeune homme à s'asseoir près d'elle.

La Mole rayonnait. Il n'avait jamais été si beau, jamais si gai.

— Du grec ! s'écria-t-il en jetant les yeux sur le livre : une harangue d'Isocrate ! Que voulez-vous faire de cela? Oh ! oh ! sur ce papier du latin : *Ad Sarmatiæ legatos reginæ*

Margaritæ concio!.., Vous allez donc haranguer ces barbares en latin?

— Il le faut bien, dit Marguerite, puisqu'ils ne parlent pas français.

— Mais comment pouvez-vous faire la réponse avant d'avoir entendu le discours?

— Une plus coquette que moi vous ferait croire à une improvisation : mais pour vous, mon Hyacinthe, je n'ai point de ces sortes de tromperies : on m'a communiqué d'avance le discours et j'y réponds.

— Sont-ils donc près d'arriver, ces ambassadeurs?

— Mieux que cela, ils sont arrivés ce matin.

— Mais personne ne le sait?

— Ils sont arrivés incognito. Leur entrée solennelle est remise à après demain, je crois. Au reste, vous verrez, dit Marguerite avec un petit air satisfait qui n'était point exempt de pédantisme, ce que j'ai fait ce soir est assez cicéronien; mais laissons-là ces futilités. Parlons de ce qui vous est arrivé.

— A moi?

— Oui.

— Que m'est-il donc arrivé?

— Ah! vous avez beau faire le brave, je vous trouve un peu pâle.

— Alors, c'est d'avoir trop dormi; je m'en accuse bien humblement.

— Allons, allons, ne faisons point le fanfaron, je sais tout.

— Ayez donc la bonté de me mettre au courant, ma perle, car moi je ne sais rien.

— Voyons, répondez-moi franchement. Que vous a demandé la reine-mère?

— La reine-mère à moi! Avait-elle donc à me parler?

— Comment! vous ne l'avez pas vue?

— Non.

— Et le roi Charles?

— Non.

— Et le roi de Navarre?

— Non.

— Mais le duc d'Alençon, vous l'avez vu?

— Oui, tout à l'heure, je l'ai rencontré dans le corridor.

— Que vous a-t-il dit?

— Qu'il avait à me donner quelques ordres entre neuf et dix heures du soir.

— Et pas autre chose?

— Pas autre chose.

— C'est étrange.

— Mais enfin que trouvez-vous d'étrange, dites-moi?

— Que vous n'ayez entendu parler de rien.

— Que s'est-il donc passé?

— Il s'est passé que pendant toute cette journée, malheureux, vous avez été suspendu sur un abîme.

— Moi?

— Oui, vous.

— A quel propos ?

— Écoutez. De Mouy, surpris cette nuit dans la chambre du roi de Navarre, que l'on voulait arrêter, a tué trois hommes et s'est sauvé sans que l'on reconnût de lui autre chose que le fameux manteau rouge.

— Eh bien ?

— Eh bien ! ce manteau rouge qui m'avait trompée une fois en a trompé d'autres aussi : vous avez été soupçonné, accusé même de ce triple meurtre. Ce matin on voulait vous arrêter, vous juger, qui sait ! vous condamner peut-être ; car pour vous sauver vous n'eussiez pas voulu dire où vous étiez, n'est-ce pas ?

— Dire où j'étais ! s'écria La Mole, vous compromettre, vous, ma noble reine ! vous, ma belle majesté ! Oh ! vous avez bien raison ;

je fusse mort en chantant pour épargner une larme à vos beaux yeux.

— Hélas! mon pauvre gentilhomme! dit Marguerite, mes beaux yeux eussent bien pleuré.

— Mais comment s'est apaisé ce grand orage?

— Devinez.

— Que sais-je, moi?

— Il n'y avait qu'un moyen de prouver que vous n'étiez pas dans la chambre du roi de Navarre.

— Lequel?

— C'était de dire où vous étiez.

— Eh bien?

— Eh bien, je l'ai dit!

— Et à qui?

— A ma mère.

— Et la reine Catherine...

— La reine Catherine sait que vous êtes mon amant.

— Oh! Madame, après avoir tant fait pour moi, vous pouvez tout exiger de votre serviteur. Oh! vraiment, c'est beau et grand, Marguerite, ce que vous avez fait là! Oh! Marguerite, ma vie est bien à vous!

— Je l'espère, car je l'ai arrachée à ceux qui me la voulaient prendre; mais à présent vous êtes sauvé.

— Et par vous! s'écria le jeune homme, par ma reine adorée!

Au même moment un bruit éclatant les fit tressaillir. La Mole se rejeta en arrière plein d'un vague effroi; Marguerite, poussant un cri, demeura les yeux fixés sur la vitre brisée d'une fenêtre.

Par cette vitre un caillou de la grosseur d'un œuf venait d'entrer ; il roulait encore sur le parquet.

La Mole vit à son tour le carreau cassé et reconnut la cause du bruit.

— Quel est l'insolent ? s'écria-t-il, et il s'élança vers la fenêtre.

Un moment, dit Marguerite : à cette pierre est attachée quelque chose, ce me semble.

— En effet, dit La Mole, on dirait un papier.

Marguerite se précipita sur l'étrange projectile et arracha la mince feuille qui, pliée comme un étroit ruban, enveloppait le caillou par le milieu.

Ce papier était maintenu par une ficelle, laquelle sortait par l'ouverture de la vitre cassée.

Marguerite déplia la lettre et lut.

— Malheureux, s'écria-t-elle.

Elle tendit le papier à La Mole pâle, debout et immobile comme la statue de l'Effroi.

La Mole, le cœur serré d'une douleur pressentimentale, lut ces mots :

« On attend M. de La Mole avec de longues épées, dans le corridor qui conduit chez M. d'Alençon. Peut-être aimerait-il mieux sortir par cette fenêtre et aller rejoindre M. de Mouy à Mantes... »

— Eh! demanda La Mole après avoir

lu, ces épées dont on parle sont-elles donc plus longues que la mienne ?

— Non, mais il y en a peut-être dix contre une.

— Et quel est l'ami qui nous envoie ce billet? demanda La Mole.

Marguerite le reprit des mains du jeune homme et fixa sur lui un regard ardent.

— L'écriture du roi de Navarre! s'écria-t-elle. S'il prévient, c'est que le danger est réel. Fuyez, La Mole, fuyez, c'est moi qui vous en prie.

— Et comment voulez-vous que je fuie? dit La Mole.

— Mais cette fenêtre, ne parle-t-on pas de cette fenêtre ?

— Ordonnez, ma reine, et je sauterai

de cette fenêtre pour vous obéir, dussé-je vingt fois me briser en tombant.

— Attendez donc, attendez donc, dit Marguerite. Il me semble que cette ficelle supporte un poids.

— Voyons, dit La Mole.

Et tous deux, attirant à eux l'objet suspendu après cette corde, virent avec une joie indicible apparaître l'extrémité d'une échelle de crin et de soie.

— Ah! vous êtes sauvé, s'écria Marguerite.

— C'est un miracle du ciel!

— Non, c'est un bienfait du roi de Navarre.

— Et si c'était un piège au contraire, dit La Mole; si cette échelle devait se briser sous mes pieds! Madame, n'avez-vous point avoué aujourd'hui votre affection pour moi?

Marguerite, à qui la joie avait rendu ses couleurs, redevint d'une pâleur mortelle.

— Vous avez raison, dit-elle, c'est possible.

Et elle s'élança vers la porte.

— Qu'allez-vous faire? s'écria La Mole.

— M'assurer par moi-même s'il est vrai qu'on vous attende dans le corridor.

— Jamais, jamais! pour que leur colère tombe sur vous!

— Que voulez-vous qu'on fasse à une fille de France, femme et princesse du sang! je suis deux fois inviolable.

La reine dit ces paroles avec une telle dignité qu'en effet La Mole comprit qu'elle ne risquait rien, et qu'il devait la laisser agir comme elle l'entendrait.

Marguerite mit La Mole sous la garde de Gillonne en laissant à sa sagacité, selon ce qui se passerait, de fuir, ou d'attendre son retour, et elle s'avança dans le corridor qui, par un embranchement, conduisait à la bibliothèque ainsi qu'à plusieurs salons de réception, et qui en le suivant dans toute sa longueur aboutissait aux appartements du roi, de la reine-mère, et à ce petit escalier dérobé par lequel on montait chez le duc d'Alençon et chez Henri. Quoiqu'il fût à peine neuf heures du soir, toutes les lumières étaient éteintes; et le corridor, à part une légère lueur qui venait de l'embranchement, était dans la plus parfaite obscurité. La reine de Navarre s'avança d'un pas ferme ; mais lorsqu'elle fut au tiers du corridor à peine ; elle entendit comme un chuchotement de voix basses auxquelles le soin qu'on prenait de les éteindre donnait un accent mystérieux et effrayant. Mais presque aussitôt le bruit cessa comme si un ordre supérieur l'eût éteint, et tout rentra dans le silence et même dans l'obscurité ; car cette lueur, si faible qu'elle fût, parut diminuer encore.

Marguerite continua son chemin, marchant droit au danger qui, s'il existait, l'attendait là. Elle était calme en apparence, quoique ses mains crispées indiquassent une violente tension nerveuse. A mesure qu'elle approchait, ce silence sinistre redoublait, et une ombre pareille à celle d'une main obscurcissait la tremblante et incertaine lueur.

Tout-à-coup, arrivée à l'embranchement du corridor, un homme fit deux pas en avant, démasqua un bougeoir de vermeil dont il s'éclairait en s'écriant : — Le voilà !

Marguerite se trouva face à face avec son frère Charles. Derrière lui se tenait debout, un cordon de soie à la main, le duc d'Alençon. Au fond dans l'obscurité, deux ombres apparaissaient debout, l'une à côté de l'autre, ne réflétant d'autre lumière que celle que renvoyait l'épée nue qu'ils tenaient à la main.

Marguerite embrassa tout le tableau d'un coup-d'œil. Elle fit un effort suprême, et répondit en souriant à Charles :

— Vous voulez dire : *la voilà*, Sire !

Charles recula d'un pas. Tous les autres demeurèrent immobiles.

— Toi, Margot, dit-il, et où vas-tu à cette heure?

— A cette heure! dit Marguerite, est-il donc si tard?

— Je te demande où tu vas?

— Chercher un livre des Discours de Cicéron, que je pense avoir laissé chez notre mère.

— Ainsi, sans lumière?

— Je croyais le corridor éclairé.

— Et tu viens de chez toi?

— Oui.

— Que fais-tu donc ce soir ?

— Je prépare ma harangue aux envoyés polonais. N'y a-t-il pas conseil demain, et n'est-il pas convenu que chacun soumettra sa harangue à Votre Majesté.

— Et n'as-tu pas quelqu'un qui t'aide dans ce travail ?

Marguerite rassembla toutes ses forces.

— Oui, mon frère, dit-elle, M. de La Mole; il est très savant.

— Si savant, dit le duc d'Alençon, que je l'avais prié, quand il aurait fini avec vous, ma sœur, de me venir trouver pour me donner des conseils, à moi qui ne suis pas de votre force.

— Et vous l'attendiez ? dit Marguerite du ton le plus naturel.

— Oui dit d'Alençon avec impatience.

— En ce cas, fit Marguerite, je vais vous l'envoyer, mon frère, car nous avons fini.

— Et votre livre ? dit Charles.

— Je le ferai prendre par Gillonne.

Les deux frères échangèrent un signe.

— Allez, dit Charles ; et nous, continuons notre ronde.

— Votre ronde! dit Marguerite, que cherchez-vous donc ?

— Le petit homme rouge, dit Charles. Ne savez-vous pas qu'il y a un petit homme rouge qui revient au vieux Louvre ! Mon frère d'Alençon prétend l'avoir vu, et nous sommes en quête de lui.

— Bonne chasse, dit Marguerite.

Et elle se retira en jetant un regard derrière elle. Elle vit alors sur la muraille du corridor les quatre ombres réunies et qui semblaient conférer.

En une seconde elle fut à la porte de son appartement.

— Ouvre, Gillonne, dit-elle, ouvre.

Gillonne obéit.

Marguerite s'élança dans l'appartement et trouva La Mole qui l'attendait, calme et résolu, mais l'épée à la main.

— Fuyez, dit-elle, fuyez sans perdre une seconde. Ils vous attendent dans le corridor pour vous assassiner.

— Vous l'ordonnez? dit La Mole.

— Je le veux. Il faut nous quitter pour nous revoir.

Pendant l'excursion de Marguerite, La Mole avait assuré l'échelle à la barre de la fenêtre, il l'enjamba ; mais avant de poser le pied sur le premier échelon, il baisa tendrement la main de la reine.

— Si cette échelle est un piège et que je meure pour vous, Marguerite, souvenez-vous de votre promesse.

— Ce n'est pas une promesse, La Mole, c'est un serment. Ne craignez rien. Adieu.

Et La Mole enhardi se laissa glisser plutôt qu'il ne descendit par l'échelle.

Au même moment on frappa à la porte.

Marguerite suivit des yeux La Mole dans sa périlleuse opération, et ne se retourna qu'au moment où elle se fut bien assurée que ses pieds avaient touché la terre.

— Madame, disait Gillonne, Madame!

— Eh bien? demanda Marguerite.

— Le roi frappe à la porte.

— Ouvrez.

Gillonne obéit.

Les quatre princes, sans doute impatientés d'attendre, étaient debout sur le seuil.

Charles entra.

Marguerite vint au-devant de son frère, le sourire sur les lèvres.

Le roi jeta un regard rapide autour de lui.

Que cherchez-vous, mon frère? demanda Marguerite.

— Mais, dit Charles, je cherche... je

cherche... eh! corbœuf! je cherche M. de La Mole.

— M. de La Mole?

— Oui, où est-il?

Marguerite prit son frère par la main et le conduisit à la fenêtre.

En ce moment même deux hommes s'éloignaient au grand galop de leurs chevaux, gagnant la tour de bois; l'un d'eux détacha son écharpe, et fit en signe d'adieu voltiger le blanc satin dans la nuit : ces deux hommes étaient La Mole et Orthon.

Marguerite montra du bout du doigt les deux hommes à Charles.

— Eh bien! demanda le roi, que veut dire cela?

Cela veut dire, répondit Marguerite, que M. le duc d'Alençon peut remettre son cordon dans sa poche et MM. d'Anjou et de Guise leur épée dans le fourreau, attendu que M. de La Mole ne repassera pas cette nuit par le corridor.

XI

Les Atrides.

Depuis son retour à Paris, Henri d'Anjou n'avait pas encore revu librement sa mère Catherine, dont, comme chacun sait, il était le fils bien-aimé.

C'était pour lui, non plus la vaine satisfaction de l'étiquette, non plus un cérémonial pénible à remplir, mais l'accomplissement d'un devoir bien doux pour ce fils qui, s'il n'aimait pas sa mère, était sûr du moins d'être tendrement aimé par elle.

En effet, Catherine préférait réellement ce fils, soit pour sa bravoure, soit plutôt pour sa beauté, car il y avait, outre la mère, de la femme dans Catherine, soit, enfin, parce que, suivant quelques chroniques scandaleuses, Henri d'Anjou rappelait à la Florentine certaine heureuse époque de mystérieuses amours.

Catherine savait seule, le retour du duc d'Anjou à Paris, retour que Charles IX eût ignoré si le hasard ne l'eût point conduit en face de l'hôtel de Condé au moment même où son frère en sortait. Charles ne l'attendait que le lendemain et Henri d'Anjou espérait lui dérober les deux démarches qui avaient avancé son arrivée d'un jour, et qui étaient sa visite à la belle Marie de Clèves, princesse de Condé, et sa conférence avec les ambassadeurs polonais.

C'est cette dernière démarche, sur l'intention de laquelle Charles était resté incertain, que le duc d'Anjou avait à expliquer à sa mère; et le lecteur, qui, comme Henri de Navarre était certainement dans l'erreur à l'endroit de cette démarche, profitera de l'explication.

Aussi lorsque le duc d'Anjou, longtemps attendu, entra chez sa mère, Catherine si froide, si compassée d'habitude; Catherine qui n'avait depuis le départ de son fils bienaimé, embrassé avec effusion que Coligny qui devait être assassiné le lendemain, ouvrit ses bras à l'enfant de son amour et le serra sur sa poitrine avec un élan d'affection maternelle qu'on était étonné de trouver encore dans ce cœur desséché.

Puis elle s'éloignait de lui, le regardait et se reprenait encore à l'embrasser.

— Ah! Madame, lui dit-il, puisque le ciel me donne cette satisfaction d'embrasser sans témoin ma mère, consolez l'homme le plus malheureux du monde.

— Eh! mon Dieu! mon cher enfant, s'écria Catherine, que vous est-il donc arrivé?

— Rien que vous ne sachiez, ma mère. Je suis amoureux, je suis aimé ; mais c'est cet amour même, qui fait mon malheur à moi.

— Expliquez-moi cela, mon fils? dit Catherine.

— Eh! ma mère... ces ambassadeurs, ce départ...

— Oui, dit Catherine, ces ambassadeurs sont arrivés, ce départ presse.

— Il ne presse pas, ma mère, mais mo frère le pressera. Il me déteste, je lui fais ombrage, il veut se débarrasser de moi.

Catherine sourit.

— En vous donnant un trône, pauvre malheureux couronné!

— Oh! n'importe, ma mère, reprit Henri avec angoisse, je ne veux pas partir. Moi, un fils de France, élevé dans le raffinement des mœurs polies, près de la meilleure mère, aimé d'une des plus charmantes femmes de la terre, j'irais là-bas dans ces neiges, au bout du monde, mourir lentement parmi ces gens grossiers qui s'enivrent du matin au soir et jugent les capacités de leur roi sur celles d'un tonneau, selon ce qu'il contient. Non, ma mère, je ne veux point partir... J'en mourrais !

— Voyons, Henri, dit Catherine en pressant les deux mains de son fils, voyons, est-ce là la véritable raison ?

Henri baissa les yeux comme s'il n'osait, à sa mère elle-même, avouer ce qui se passait dans son cœur.

— N'en est-il pas une autre, demanda Catherine, moins romanésque, plus raisonnable... plus politique?

— Ma mère, ce n'est pas ma faute si cette idée m'est restée dans l'esprit, et peut-être y tient-elle plus de place qu'elle n'en devrait prendre, mais ne m'avez-vous pas dit vous-même que l'horoscope tiré à la naissance de mon frère Charles le condamnait à mourir jeune?

— Oui, dit Catherine; mais un horoscope peut mentir, mon fils. Moi-même, j'en suis à espérer en ce moment que tous ces horoscopes ne soient pas vrais.

— Mais enfin son horoscope ne disait-il pas cela?

— Son horoscope parlait d'un quart de siècle; mais il ne disait pas si c'était pour sa vie ou pour son règne?

— Eh bien! ma mère, faites que je reste. Mon frère a près de vingt-quatre ans : dans un an la question sera résolue.

Catherine réfléchit profondément.

— Oui certes, dit-elle, cela serait mieux si cela se pouvait ainsi.

— Oh! jugez-donc, ma mère, s'écria Henri, quel désespoir pour moi si j'allais avoir troqué la couronne de France contre celle de Pologne! Être tourmenté là-bas de cette idée que je pouvais régner au Louvre, au milieu de cette cour élégante et lettrée, près de la meilleure mère du monde, dont les conseils m'eussent épargné la moitié du travail et des fatigues, qui, habituée à porter avec mon père une partie du fardeau de l'État eût bien voulu le porter encore avec moi. Ah! ma mère, j'eusse été un grand roi!

— Là, là, cher enfant, dit Catherine, dont cet avenir avait toujours été aussi la plus douce espérance; là, ne vous désolez point.
— N'avez-vous pas songé de votre côté à quelque moyen d'arranger la chose?

— Oh! certes oui, et c'est surtout pour cela que je suis revenu deux ou trois jours plus tôt qu'on ne m'attendait, tout en laissant croire à mon frère Charles que c'était pour madame de Condé ; puis j'ai été au-devant de Lasco, le plus important des envoyés, je me suis fait connaître de lui, faisant dans cette première entrevue tout ce qu'il était possible pour me rendre haïssable, et j'espère y être parvenu.

— Ah! mon cher enfant, dit Catherine, c'est mal. Il faut mettre l'intérêt de la France avant vos petites répugnances.

— Ma mère, l'intérêt de la France veut-il, en cas de malheur arrivé à mon frère, que ce soit le duc d'Alençon ou le roi de Navarre qui règne?

— Oh! le roi de Navarre, jamais, jamais, murmura Catherine en laissant l'inquiétude couvrir son front de ce voile soucieux qui s'y étendait chaque fois que cette question se représentait.

— Ma foi, continua Henri, mon frère d'Alençon ne vaut guère mieux et ne vous aime pas davantage.

— Enfin, reprit Catherine, qu'a dit Lasco?

— Lasco a hésité lui-même quand je l'ai pressé de demander audience. — Oh! s'il pouvait écrire en Pologne, casser cette élection?

— Folie, mon fils, folie... ce qu'une diète a consacré est sacré.

— Mais enfin, ma mère, ne pourrait-on, à ces Polonais, leur faire accepter mon frère à ma place?

— C'est, sinon impossible, du moins difficile, répondit Catherine.

— N'importe! essayez, tentez, parlez au roi, ma mère; rejetez tout sur mon amour pour madame de Condé; dites que j'en suis fou, que j'en perds l'esprit. Justement il m'a vu sortir de l'hôtel du prince avec Guise, qui me rend là tous les services d'un bon ami.

— Oui, pour faire la Ligue. Vous ne voyez pas cela, vous, mais je le vois.

— Si fait, ma mère, si fait, mais en attendant j'use de lui. Eh! ne sommes-nous pas heureux quand un homme nous sert en se servant?

— Et qu'a dit le roi en vous rencontrant?

— Il a paru croire à ce que je lui ai affirmé, c'est-à-dire que l'amour seul m'avait ramené à Paris.

— Mais du reste de la nuit, ne vous en a-t-il pas demandé compte?

— Si fait, ma mère, mais j'ai été souper chez Nantouillet, où j'ai fait un scandale affreux, afin que le bruit de ce scandale se répande et que le roi ne doute point que j'y étais.

— Alors il ignore votre visite à Lasco?

— Absolument.

— Bon, tant mieux. J'essaierai donc de lui parler pour vous, cher enfant; mais, vous le savez, sur cette rude nature aucune influence n'est réelle.

— Oh! ma mère, ma mère, quel bonheur si je restais! comme je vous aimerais plus encore que je ne vous aime, si c'était possible!

— Si vous restez, on vous enverra encore à la guerre.

— Oh! peu m'importe, pourvu que je ne quitte pas la France.

— Vous vous ferez tuér.

— Ma mère, on ne meurt pas des coups... on meurt de douleur, d'ennui. Mais Charles ne me permettra point de rester ; il me déteste.

— Il est jaloux de vous, mon beau vainqueur, c'est une chose dite ; pourquoi aussi êtes-vous si brave et si heureux ? Pourquoi à vingt ans à peine, avez-vous gagné des batailles comme Alexandre et comme César? Mais en attendant, ne vous découvrez à personne, feignez d'être résigné, faites votre cour au roi. Aujourd'hui-même, on se réunit en conseil privé pour lire et pour discuter les discours qui seront prononcés à la cérémonie ; faites le roi de Pologne et laissez-moi le soin du reste. A propos, et votre expédition d'hier soir ?

— Elle a échoué, ma mère ; le galant était prévenu, et il a pris son vol par la fenêtre.

— Enfin, dit Catherine, je saurai un jour quel est le mauvais génie qui contrarie ainsi tous mes projets... En attendant, je m'en doute et... malheur à lui !

— Ainsi, ma mère?... dit le duc d'Anjou.

— Laissez-moi mener cette affaire.

Et elle baisa tendrement Henri sur les yeux en le poussant hors de son cabinet.

Bientôt arrivèrent chez la reine les princes de sa maison. Charles était en belle humeur, car l'aplomb de sa sœur Margot l'avait plus réjoui qu'affecté ; il n'en voulait pas autrement à La Mole, et il l'avait attendu avec quelque ardeur dans le corridor parce que c'était une espèce de chasse à l'affût.

D'Alençon, tout au contraire, était très préoccupé. La répulsion qu'il avait toujours eue pour La Mole s'était changée en haine, du moment où il avait su que La Mole était aimé de sa sœur.

Marguerite avait tout ensemble l'esprit rêveur et l'œil au guet. Elle avait à la fois à se souvenir et à veiller.

Les députés polonais avaient envoyé le texte des harangues qu'ils devaient prononcer.

Marguerite, à qui l'on n'avait pas plus parlé de la scène de la veille que si la scène n'avait point existé, lut les discours, et, hormis Charles, chacun discuta ce qu'il répondrait. Charles laissa Marguérite répondre comme elle l'entendrait. Il se montra très difficile sur le choix des termes pour d'Alençon; mais quant au discours de Henri d'Anjou, il y apporta plus que du mauvais vouloir, il fut acharné à corriger et à reprendre.

Cette séance, sans rien faire éclater encore, avait sourdement envenimé les esprits.

Henri d'Anjou, qui avait son discours à refaire presque entièrement, sortit pour se mettre à cette tâche. Marguerite, qui n'avait pas eu de nouvelles du roi de Navarre depuis celles qu'il lui avait données au détriment des vitres de sa fenêtre, retourna chez elle dans l'espérance de l'y voir venir.

D'Alençon, qui avait lu l'hésitation dans les yeux de son frère d'Anjou, et surpris entre lui et sa mère un regard d'intelligence, se retira pour rêver à ce qu'il regardait comme une cabale naissante. Enfin, Charles allait passer dans sa forge pour achever un épieu qu'il se fabriquait lui-même, lorsque Catherine l'arrêta.

Charles, qui se doutait qu'il allait rencontrer chez sa mère quelque opposition à sa volonté, s'arrêta et la regarda fixement :

— Eh bien ! dit-il, qu'avons-nous encore ?

— Un dernier mot à échanger, Sire. Nous avons oublié ce mot, et cependant il est de quelque importance. Quel jour fixons-nous pour la séance publique ?

— Ah! c'est vrai, dit le roi en se rasseyant, causons-en, ma mère. Eh bien! à quand vous plaît-il que nous fixions le jour?

— Je crois, répondit Catherine, que dans le silence même de Votre Majesté, dans son oubli apparent, il y avait quelque chose de profondément calculé.

— Non, dit Charles; pourquoi cela, ma mère?

— Parce que, ajouta Catherine très doucement, il ne faudrait pas, ce me semble, mon fils, que les Polonais nous vissent courir avec tant d'âpreté après cette couronne.

— Au contraire, ma mère, dit Charles, ils e sont hâtés, eux, en venant à marches forcées de Varsovie ici... Honneur pour honneur, politesse pour politesse.

— Votre Majesté peut avoir raison dans un sens, comme dans un autre je pourrais ne pas avoir tort. Ainsi, son avis est que la séance publique doit être hâtée?

— Ma foi, oui, ma mère, ne serait-ce point le vôtre, par hasard?

— Vous savez que je n'ai d'avis que ceux qui peuvent le plus concourir à votre gloire; je vous dirai donc qu'en vous pressant ainsi je craindrais qu'on ne vous accusât de profiter bien vite de cette occasion qui se présente de soulager la maison de France des charges que votre frère lui impose, mais que, bien certainement, il lui rend en gloire et en dévoûment.

— Ma mère, dit Charles, à son départ de

France, je doterai mon frère si richement, que personne n'osera même penser ce que vous craignez que l'on dise.

— Allons, dit Catherine, je me rends, puisque vous avez une si bonne réponse à chacune de mes objections... Mais pour recevoir ce peuple guerrier, qui juge de la puissance des États par les signes extérieurs, il vous faut un déploiement considérable de troupes, et je ne pense pas qu'il y en ait assez de convoquées dans l'Ile-de-France.

— Pardonnez-moi, ma mère, car j'avais prévu l'évènement, et je me suis préparé. J'ai rappelé deux bataillons de la Normandie, un de la Guyenne; ma compagnie d'archers est arrivée hier de la Bretagne; les chevau-légers, répandus dans la Touraine, seront à Paris dans le courant de la journée; et tandis qu'on croit que je dispose à peine de quatre régiments, j'ai vingt mille hommes prêts à paraître.

— Ah! ah! dit Catherine surprise; alors il ne vous manque plus qu'une chose, mais on se la procurera.

— Laquelle?

— De l'argent. Je crois que vous n'en êtes pas fourni outre mesure.

— Au contraire, Madame, au contraire, dit Charles IX. J'ai quatorze cent mille écus à la Bastille; mon épargne particulière m'a remis ces jours passés huit cent mille écus, que j'ai enfouis dans mes caves du Louvre, et, en cas de pénurie, Nantouillet tient trois cent mille autres écus à ma disposition.

Catherine frémit; car elle avait vu jusqu'alors Charles violent et emporté, mais jamais prévoyant.

— Allons, fit-elle, Votre Majesté pense à tout, c'est admirable, et pour peu que les tailleurs, les brodeuses et les joailliers se hâtent, Votre Majesté sera en état de donner séance avant six semaines.

— Six semaines! s'écria Charles. Ma mère, les tailleurs, les brodeuses et les joailliers travaillent depuis le jour où l'on a appris la nomination de mon frère. A la rigueur, tout pourrait être prêt pour aujourd'hui ; mais à coup sûr, tout sera prêt dans trois ou quatre jours.

— Oh! murmura Catherine, vous êtes plus pressé encore que je ne le croyais, mon fils.

— Honneur pour honneur, je vous l'ai dit.

— Bien. C'est donc cet honneur fait à la maison de France qui vous flatte, n'est-ce pas?

— Assurément.

— Et voir un fils de France sur le trône de Pologne est votre plus cher désir?

— Vous dites vrai.

— Alors c'est le fait, c'est la chose et non l'homme qui vous préoccupe, et quel que soit celui qui règne là-bas...

— Non pas, non pas, ma mère, corbœuf! demeurons-en où nous sommes! Les Polonais ont bien choisi. Ils sont adroits et forts, ces gens-là! Nation militaire, peuple de soldats; ils prennent un capitaine pour prince, c'est logique, peste! D'Anjou fait leur affaire. Le héros de Jarnac et de Montcontour leur va comme un gant... Que voulez-vous que je leur envoie? d'Alençon, un lâche; cela leur donnerait une belle idée des Valois!... D'Alençon, il fuirait à la première balle qui lui sifflerait aux oreilles; tandis que Henri d'Anjou, un batailleur, bon!... Toujours l'épée au poing, toujours marchant en avant, à pied ou à cheval!... Hardi! pique, pousse, assomme, tue! Ah! c'est un habile homme que mon frère d'Anjou, un vaillant qui va les faire battre du matin au soir, depuis le premier jusqu'au dernier jour de l'année. Il boit mal, c'est vrai; mais il les fera tuer de sang-froid, voilà tout. Il sera là dans sa sphère, ce cher Henri! Sus! sus! au champ de bataille! Bravo les trompettes et les tambours! Vive le roi! vive le vainqueur! vive le général! On le proclame *imperator* trois fois l'an! Ce sera admirable pour la maison de France et l'honneur des Valois... Il y sera peut-être tué; mais ventre-mahon! ce sera une mort superbe!

Catherine frissonna et un éclair jaillit de ses yeux.

— Dites, s'écria-t-elle, que vous voulez éloigner Henri d'Anjou, dites que vous n'aimez pas votre frère!

— Ah! ah! ah! fit Charles en éclatant d'un rire nerveux, vous avez deviné cela, vous, que je voulais l'éloigner? Vous avez deviné cela, que je ne l'aimais pas? Et quand cela serait, voyons? Aimer mon frère! Pourquoi donc l'aimerais-je ? Ah ! ah ! ah ! est-ce que vous voulez rire ?... Et à mesure qu'il parlait ses joues pâles s'animaient d'une fébrile rougeur. Est-ce qu'il m'aime, lui ? Est-ce que vous m'aimez, vous ? Est-ce que, excepté mes chiens, Marie Touchet et ma nourrice, est-ce qu'il y a quelqu'un qui m'ait jamais aimé ? Non, non, je n'aime pas mon frère, je n'aime que moi, entendez-vous ! Et je n'empêche pas mon frère d'en faire autant que je fais.

— Sire, dit Catherine s'animant à son tour, puisque vous me découvrez votre cœur il faut que je vous ouvre le mien. Vous agissez en roi faible, en monarque mal conseillé; vous renvoyez votre second frère, le soutien naturel du trône, et qui est en tous points digne de vous succéder s'il vous advenait malheur, laissant, dans ce cas, votre couronne à l'abandon; car, comme vous le disiez, d'Alençon est jeune, incapable, faible, plus que faible, lâche!... Et le Béarnais se dresse derrière, entendez-vous ?

— Eh! mort de tous les diables! s'écria Charles. qu'est-ce que me fait ce qui arrivera quand je n'y serai plus! Le Béarnais se dresse derrière mon frère, dites-vous! Corbœuf! tant mieux... Je disais que je n'aimais personne... je me trompais : j'aime Henriot; oui, je l'aime, ce bon Henriot, il a l'air franc, la main tiède, tandis que je ne vois autour de moi que des yeux faux et ne touche que des mains glacées. Il est incapable de trahison envers moi, j'en jurerais. D'ailleurs je lui dois un dédommagement, on lui a empoisonné sa mère, pauvre garçon ! des gens de ma famille, à ce que j'ai entendu dire. D'ailleurs je me porte bien. Mais, si je tombais malade, je l'appellerais, je ne voudrais pas qu'il me quittât, je ne prendrais rien que de sa main, et quand je mourrai je le ferai roi de France et de Navarre... Et, ventre du pape! au lieu de rire à ma mort, comme feraient mes frères, il pleurerait, ou du moins il ferait semblant de pleurer.

La foudre tombant aux pieds de Catherine l'eût moins épouvantée que ces paroles. Elle demeura attérée, regardant Charles d'un œil hagard; puis enfin, au bout de quelques secondes :

— Henri de Navarre! s'écria-t-elle, Henri de Navarre! roi de France au préjudice de mes enfants! Ah! sainte madone! nous verrons ! C'est donc pour cela que vous voulez éloigner mon fils ?

— Votre fils... et que suis-je donc, moi, un fils de louve, comme Romulus ! s'écria Charles tremblant de colère et l'œil scintillant comme s'il se fut allumé par places. Votre fils, vous avez raison, le roi de France n'est pas votre fils, lui ; le roi de France n'a pas de frères, le roi de France n'a pas de mère, le roi de France n'a que ses sujets. Le roi de France n'a pas besoin d'avoir des sentiments, il a des volontés. Il se passera qu'on l'aime, mais il veut qu'on lui obéisse.

— Sire, vous avez mal interprété mes paroles, j'ai appelé mon fils celui qui allait me quitter. Je l'aime mieux en ce moment parce que c'est celui qu'en ce moment je crains le plus de perdre. Est-ce un crime à une mère de désirer que son enfant ne la quitte pas ?

— Et moi je vous dis qu'il vous quittera, je vous dis qu'il quittera la France, qu'il s'en ira en Pologne, et cela dans deux jours, et si vous ajoutez une parole ce sera demain, et si vous ne baissez pas le front, si vous n'éteignez pas la menace de vos yeux, je l'étrangle ce soir comme vous vouliez qu'on étranglât hier l'amant de votre fille. Seulement je ne le manquerai pas, moi, comme nous avons manqué La Mole.

Sous cette première menace, Catherine baissa le front ; mais presque aussitôt elle le releva.

— Ah ! pauvre enfant, dit-elle, ton frère

veut te tuer. Eh ! bien ! sois tranquille, ta mère te défendra.

— Ah ! l'on me brave, s'écria Charles. Eh bien ! par le sang du Christ ! il mourra, non pas ce soir, non pas tout à l'heure, mais à l'instant même. Ah ! une arme ! une dague ! un couteau !... Ah !

Et Charles, après avoir porté inutilement les yeux autour de lui pour chercher ce qu'il demandait, aperçut le petit poignard que sa mère portait à sa ceinture, se jeta dessus, l'arracha de sa gaîne de chagrin incrustée d'argent, et bondit hors de la chambre pour aller frapper Henri d'Anjou partout où il le trouverait. Mais en arrivant dans le vestibule, ses forces, surexcitées au-delà de la puissance humaine, l'abandonnèrent tout à coup : il étendit le bras, laissa tomber l'arme aiguë, qui resta fichée dans le parquet ; jeta un cri lamentable, s'affaissa sur lui-même et roula sur le plancher.

En même temps le sang jaillit en abondance de ses lèvres et de son nez.

— Jésus! dit-il, on me tue ; à moi! à moi!

Catherine, qui l'avait suivi, le vit tomber; elle le regarda un instant impassible et sans bouger, puis rappelée à elle, non par l'amour maternel, mais par la difficulté de la situation, elle ouvrit en criant :

— Le roi se trouve mal ! au secours ! au secours !

A ce cri un monde de serviteurs, d'officiers et de courtisans s'empressèrent autour du jeune roi. Mais avant tout le monde une femme s'était élancée, écartant les spectateurs et relevant Charles pâle comme un cadavre.

— On me tue nourrice, on me tue, murmura le roi baigné de sueur et de sang.

— On te tue, mon Charles, s'écria la bonne femme en parcourant tous les visages avec un regard qui fit reculer jusqu'à Catherine elle-même, et qui donc cela qui te tue ?

Charles poussa un faible soupir et s'évanouit tout à fait.

— Ah ! dit le médecin Ambroise Paré, qu'on avait envoyé chercher à l'instant même, ah ! voilà le roi bien malade !

— Maintenant, de gré ou de force, se dit l'implacable Catherine, il faudra bien qu'il accorde un délai.

Et elle quitta le roi pour aller joindre son second fils, qui attendait avec anxiété dans l'oratoire le résultat de cet entretien si important pour lui.

XII

L'horoscope.

En sortant de l'oratoire, où elle venait d'apprendre à Henri d'Anjou tout ce qui s'était passé, Catherine avait trouvé René dans sa chambre.

C'était la première fois que la reine et l'astrologue se revoyaient depuis la visite que la reine lui avait faite à sa boutique du pont Saint-Michel ; seulement, la veille, la reine lui avait écrit, et c'était la réponse à ce billet que René lui apportait en personne.

— Eh bien ! lui demanda la reine, l'avez-vous vu ?

— Oui.

— Comment va-t-il ?

— Plutôt mieux que plus mal.

— Et peut-il parler ?

— Non, l'épée a traversé le larynx.

— Je vous avais dit en ce cas de le faire écrire ?

— J'ai essayé, lui-même a réuni toutes ses forces ; mais sa main n'a pu tracer que deux lettres presque illisibles, puis il s'est évanoui : la veine jugulaire a été ouverte, et le sang qu'il a perdu lui a ôté toutes ses forces.

— Avez-vous vu ces lettres?

— Les voici.

— René tira un papier de sa poche et le présenta à Catherine, qui le déplia vivement

— Un M. et un O, dit-elle... Serait-ce décidément ce La Mole, et toute cette comédie de Marguerite ne serait-elle qu'un moyen de détourner les soupçons?

— Madame, dit René, si j'osais émettre mon opinion dans une affaire où Votre Majesté hésite à former la sienne, je lui dirais que je crois M. de La Mole trop amoureux pour s'occuper sérieusement de politique.

— Vous croyez?

— Oui, et surtout trop amoureux de la reine de Navarre pour servir avec dévoûment le roi, car il n'y a pas de véritable amour sans jalousie.

— Et vous le croyez donc tout à fait amoureux?

— J'en suis sûr.

— Aurait-il eu recours à vous?

— Oui.

— Et il vous a demandé quelque breuvage, quelque philtre?

— Non, nous nous en sommes tenus à la figure de cire?

— Piquée au cœur?

— Piquée au cœur.

— Et cette figure existe toujours?

— Oui.

— Elle est chez vous.

— Elle est chez moi ?

— Il serait curieux, dit Catherine, que ces préparations cabalistiques eussent réellement l'effet qu'on leur attribue.

— Votre Majesté est plus que moi à même d'en juger.

— La reine de Navarre aime-t-elle M. de La Mole ?

— Elle l'aime au point de se perdre pour lui. Hier elle l'a sauvé de la mort au risque de son honneur et de sa vie. Vous voyez, Madame, et cependant vous doutez toujours.

— De quoi ?

— De la science.

— C'est qu'aussi la science m'a trahie, dit

Catherine en regardant fixement René, qui supporta admirablement bien ce regard.

— En quelle occasion?

— Oh! vous savez ce que je veux dire; à moins toutefois que ce soit le savant et non la science.

— Je ne sais ce que vous voulez dire, Madame, répondit le Florentin.

— René, vos parfums ont-ils perdu leur odeur?

— Non, Madame, quand ils sont employés par moi, mais il est possible qu'en passant par la main des autres...

Catherine sourit et hocha la tête.

— Votre opiat a fait merveille, René, dit-elle, et madame de Sauve a les lèvres plus fraîches et plus vermeilles que jamais.

— Ce n'est pas mon opiat qu'il faut en féliciter, Madame ; car la baronne de Sauve, usant du droit qu'a toute jolie femme d'être capricieuse, ne m'a plus reparlé de cet opiat, et moi de mon côté après la recommandation que m'avait faite Votre Majesté, j'ai jugé à propos de ne lui en point envoyer. Les boîtes sont donc toutes encore à la maison telles que vous les y avez laissées, moins une qui a disparu sans que je sache quelle personne me l'a prise ni ce que cette personne a voulu en faire.

— C'est bien, René, dit Catherine, peut-être plus tard reviendrons nous là-dessus ; en attendant parlons d'autre chose.

— J'écoute, Madame.

— Que faut-il pour apprécier la durée probable de la vie d'une personne ?

— Savoir d'abord le jour de sa naissance, l'âge qu'elle a et sous quel signe elle a vu le jour.

— Puis ensuite ?

— Avoir de son sang et de ses cheveux.

— Et si je vous porte de son sang et de ses cheveux, si je vous dis sous quel signe il a vu le jour, si je vous dis l'âge qu'il a, le jour de sa naissance, vous me direz, vous, l'époque probable de sa mort ?

— Oui, à quelques jours près.

— C'est bien. J'ai de ses cheveux, je me procurerai de son sang.

— La personne est-elle née pendant le jour ou pendant la nuit ?

— A cinq heures vingt-trois minutes du soir.

— Soyez demain à cinq heures chez moi, l'expérience doit être faite à l'heure précise de la naissance.

— C'est bien, dit Catherine, *nous y serons.*

René salua et sortit sans paraître avoir remarqué le *nous y serons*, qui indiquait cependant que, contre son habitude, Catherine ne viendrait pas seule.

Le lendemain, au point du jour, Catherine passa chez son fils. A minuit elle avait fait demander de ses nouvelles et on lui avait répondu que maître Ambroise Paré était près de lui et s'apprêtait à le saigner si la même agitation nerveuse continuait.

Encore tressaillant dans son sommeil, encore pâle du sang qu'il avait perdu. Charles dormait sur l'épaule de sa fidèle nourrice, qui, appuyée contre son lit, n'avait point depuis trois heures changé de position de peur de troubler le repos de son cher enfant.

Une légère écume venait poindre de temps en temps sur les lèvres du malade, et la nourrice l'essuyait avec une fine batiste brodée. Sur le chevet était un mouchoir tout maculé de larges taches de sang.

Catherine eut un instant l'idée de s'emparer de ce mouchoir, mais elle pensa que ce sang mêlé comme il l'était à la salive qui l'avait détrempé n'aurait peut-être pas la même efficacité ; elle demanda à la nourrice si le médecin n'avait pas saigné son fils comme il lui avait fait dire qu'il le devait faire. La nourrice répondit que si, et que la saignée avait été si abondante que Charles s'était évanoui deux fois.

La reine-mère, qui avait quelque connaissance en médecine comme toutes les princesses de cette époque, demanda à voir le sang; rien n'était plus facile, le médecin avait recommandé qu'on le conservât pour en étudier les phénomènes.

Il était dans une cuvette dans le cabinet à côté de la chambre. Catherine y passa pour l'examiner, remplit de la rouge liqueur un petit flacon qu'elle avait apporté dans cette intention; puis rentra cachant dans ses poches ses doigts, dont l'extrémité eût dénoncé la profanation qu'elle venait de commettre.

Au moment où elle reparaissait sur le seuil du cabinet, Charles rouvrit les yeux et fut frappé de la vue de sa mère. Alors rappelant, comme à la suite d'un rêve, toutes ses pensées empreintes de rancune :

— Ah! c'est vous, Madame! dit-il. Eh bien! annoncez à votre fils bien-aimé, à votre Henri d'Anjou, que ce sera pour demain.

— Mon cher Charles, dit Catherine, ce sera pour le jour que vous voudrez. Tranquillisez-vous donc et dormez.

Charles, comme s'il eût cédé à ce conseil, ferma effectivement les yeux; et Catherine, qui l'avait donné comme on fait pour consoler un malade ou un enfant, sortit de sa chambre. Mais derrière elle, et lorsqu'il eut entendu se refermer la porte, Charles se redressa, et tout-à-coup, d'une voix étouffée par l'accès dont il souffrait encore : — Mon chancelier, cria-t-il, les sceaux, la cour... qu'on me fasse venir tout cela.

La nourrice avec une tendre violence, ramena la tête du roi sur son épaule, et pour le rendormir essaya de le bercer comme lorsqu'il était enfant.

— Non, non, nourrice, je ne dormirai plus. Appelle mes gens, je veux travailler ce matin.

Quand Charles parlait ainsi, il fallait obéir ; et la nourrice elle-même, malgré les privilèges que son royal nourrisson lui avait conservés, n'osait aller contre ses commandements. On fit venir ceux que le roi demandait, et la séance fut fixée, non pas au lendemain, c'était chose impossible, mais à cinq jours de là.

Cependant à l'heure convenue, c'est-à-dire à cinq heures, la reine-mère et le duc d'Anjou se rendaient chez René, lequel, prévenu, comme on le sait, de cette visite, avait tout préparé pour la séance mystérieuse.

Dans la chambre à droite, c'est-à-dire dans la chambre aux sacrifices, rougissait, sur un réchaud ardent, une lame d'acier destinée à représenter, par ses capricieuses arabesques, les évènements de la destinée sur laquelle on consultait l'oracle; sur l'autel était préparé le livre des sorts, et pendant la nuit, qui avait été fort claire, René avait pu étudier la marche et l'attitude des constellations.

Henri d'Anjou entra le premier; il avait de faux cheveux, un masque couvrait sa figure et un grand manteau de nuit déguisait sa taille. Sa mère vint ensuite; et si elle n'eût pas su d'avance que c'était son fils qui l'attendait là, elle-même n'eût pu le reconnaître. Catherine ôta son masque; le duc d'Anjou, au contraire, garda le sien.

— As-tu fait cette nuit tes observations, demanda Catherine.

— Oui, Madame, dit-il ; et la réponse des astres m'a déjà appris le passé. Celui pour qui vous m'interrogez a, comme toutes les personnes nées sous le signe de l'écrevisse, le cœur ardent et d'une fierté sans exemple. Il est puissant, il a vécu près d'un quart de siècle; il a jusqu'à présent obtenu du ciel gloire et richesse. Est-ce cela, Madame?

— Peut-être, dit Catherine.

— Avez-vous les cheveux et le sang?

— Les voici.

Et Catherine remit au nécromancien une boucle de cheveux d'un blond fauve et une petite fiole de sang.

René prit la fiole, la secoua pour bien réunir la fibrine et la sérosité, et laissa tomber sur la lame rougie une large goutte de cette chair coulante, qui bouillonna à l'instant même et s'extravasa bientôt en desseins fantastiques.

— Oh! Madame, s'écria René, je le vois se tordre en d'atroces douleurs. Entendez-vous comme il gémit, comme il crie à l'aide! voyez-vous comme tout devient sang autour de lui, voyez-vous comme enfin autour de son lit de mort s'apprêtent de grands combats! Tenez, voici les lances; tenez, voici les épées.

— Sera-ce long? demanda Catherine palpitante d'une émotion indicible et arrêtant la main de Henri d'Anjou, qui, dans son avide curiosité, se penchait au-dessus du brasier.

René s'approcha de l'autel et répéta une prière cabalistique, mettant à cette action un feu et une conviction qui gonflaient les veines de ses tempes et lui donnaient ces convulsions prophétiques et ces tressaillements nerveux qui prenaient les pythies antiques sur le trépied et les poursuivaient jusque sur leur lit de mort.

Enfin il se releva et annonça que tout était prêt, prit d'une main le flacon encore aux trois quarts plein et de l'autre la boucle de cheveux; puis commandant à Catherine d'ouvrir le livre au hasard et de laisser tomber sa vue sur le premier endroit venu, il versa sur la lame d'acier tout le sang et jeta dans le brasier tous les cheveux en prononçant une phrase cabalistique composée de mots hébreux auxquels il n'entendait rien lui-même.

Aussitôt le duc d'Anjou et Catherine virent s'étendre sur cette lame une figure blanche comme celle d'un cadavre enveloppé de son suaire.

Une autre figure, qui semblait celle d'une femme, était inclinée sur la première.

En même temps, les cheveux s'enflammèrent en donnant un seul jet de feu, clair, rapide, dardé comme une langue rouge.

— Un an! s'écria René, un an à peine, et cet homme sera mort, et une femme pleurera seule sur lui. Mais non, là-bas, là-bas, au bout de la lame, une autre femme encore, qui tient comme un enfant dans ses bras.

Catherine regarda son fils, et, toute mère qu'elle était, sembla lui demander quelles étaient ces deux femmes.

Mais René achevait à peine, que la plaque

d'acier redevint blanche; tout s'y était graduellement effacé.

Alors Catherine ouvrit le livre au hasard et lut, d'une voix dont, malgré toute sa force, elle ne pouvait cacher l'altération, le distique suivant :

> Ains a peri.cil que l'on redoutoit,
> Plus tôt, trop tôt, si prudence n'étoit.

Un profond silence régna quelque temps autour du brasier.

— Et pour celui que tu sais, demanda Catherine, quels sont les signes de ce mois ?

— Florissants comme toujours, Madame. A moins de vaincre le destin par une lutte de dieu à dieu, l'avenir est bien certainement à cet homme. Cependant...

— Cependant, quoi ?

— Une des étoiles qui composent sa pléiade est restée pendant le temps de mes observations couverte d'un nuage noir.

— Ah! s'écria Catherine, un nuage noir... Il y aurait donc quelque espérance ?

— De qui parlez-vous, Madame ? demanda le duc d'Anjou.

Catherine emmena son fils loin de la lueur du brâsier et lui parla à voix basse.

Pendant ce temps René s'agenouillait, et à la clarté de la flamme, versant dans sa main une dernière goutte de sang demeurée au fond de la fiole :

— Bizarre contradiction, disait-il, et qui prouve combien peu sont solides les témoignages de la science simple que pratiquent les hommes vulgaires! Pour tout autre que moi, pour un médecin, pour un savant, pour maître Ambroise Paré lui-même, voilà un sang si pur, si fécond, si plein de mordant et de sucs animaux, qu'il promet de longues années au corps dont il est sorti ; — et cependant toute cette vigueur doit disparaître bientôt, toute cette vie doit s'éteindre avant un an !

Catherine et Henri d'Anjou s'étaient retournés et écoutaient. Les yeux du prince brillaient à travers son masque.

— Ah! continua René, c'est qu'aux savants ordinaires le présent seul appartient ; tandis qu'à nous appartiennent le passé et l'avenir.

— Ainsi donc, continua Catherine, vous

persistez à croire qu'il mourra avant une année ?

— Aussi certainement que nous sommes ici trois personnes vivantes qui un jour reposeront à leur tour dans le cercueil.

— Cependant vous disiez que le sang était pur et fécond, vous disiez que ce sang promettait une longue vie ?

— Oui, si les choses suivaient leur cours naturel. Mais n'est-il pas possible qu'un accident...

— Ah ! oui, vous entendez, dit Catherine à Henri, un accident...

— Hélas ! dit celui-ci, raison de plus pour demeurer.

— Oh ! quant à cela, n'y songez plus, c'est chose impossible.

Alors se retournant vers René :

— Merci, dit le jeune homme en déguisant le timbre de sa voix, merci, prends cette bourse.

— Venez, *comte*, dit Catherine donnant à dessein à son fils un titre qui devait dérouter les conjectures de René.

Et ils partirent.

— Oh! ma mère, vous voyez, dit Henri, un accident !... et si cet accident-là arrive, je ne serai point là; je serai à quatre cents lieues de vous...

— Quatre cents lieues se font en huit jours, mon fils.

— Oui, mais sait-on si ces gens-là me laisseront revenir ! Que ne puis-je attendre, ma mère !...

— Qui sait! dit Catherine, cet accident dont parle René n'est-il pas celui qui, depuis hier, couche le roi sur un lit de douleurs? Écoutez, rentrez de votre côté, mon enfant; moi, je vais passer par la petite porte du cloître des Augustines, ma suite m'attend dans ce couvent. Allez, Henri, allez, et gardez-vous d'irriter votre frère, si vous le voyez.

FIN DU QUATRIÈME VOLUME.

TABLE

DU QUATRIÈME VOLUME.

—

                                      Pages.

Chap. I. Maurevel. 1
   II. La chasse à courre. 17
   III. Fraternité. 49
   IV. La reconnaissance du roi Charles IX. . . 77
   V. Dieu dispose. 107
   VI. La nuit des rois. 141
   VII. Anagrame. 169
   VIII. La rentrée au Louvre. 191
   IX. La cordelière de la reine-mère. . . . 229
   X. Projets de vengeance. 259
   XI. Les atrides. 305
   XII. L'horoscope. 541

Sceaux. — Impr. de E. Dépée.

LIBRAIRIE DE MICHEL LÉVY FRÈRES, RUE VIVIENNE, 4.

Sous Presse :

LE FAUST DE GOETHE
TRADUCTION REVUE ET COMPLÈTE,
Précédée d'un Essai sur Goethe, par Henri Blaze.
Édition illustrée de 10 vign. par Tony Johannot, gravées sur acier par Langlois.
Un volume grand in-8 — Prix : 12 fr.
Publié en 40 livr. à 30 cent.

En vente :

LES JÉSUITES
Depuis leur origine jusqu'à nos jours.
HISTOIRE, TYPES, MŒURS, MYSTÈRES,
PAR M. A. ARNOULD.
Illustrés de 20 gravures sur acier et de 100 gravures sur bois, d'après les dessins de MM. Tony Johannot, J. David, E. Giraud, Janet Lange, E. Lorsay, Hadamard, Frère et Dupuis.
2 vol. grand in-8. — Prix : 20 fr. ; — publiés en 67 livr. à 30 cent.

LES BAGNES
HISTOIRE, TYPES, MŒURS, MYSTÈRES,
PAR M. MAURICE ALHOY.
Un volume grand in-8, orné de 105 gravures dont 35 tirées hors du texte, par MM. de Rudder, Bertal, Valentin, Jules Noël, etc.
Publié en 50 livr. à 30 cent.; ou 15 fr. l'ouvrage complet.

LES COUVENTS
ORIGINE, — HISTOIRE, — RÈGLE, — DISCIPLINE, — MŒURS, — TYPES, — MYSTÈRES.
PAR MM. LOUIS LURINE ET ALPHONSE BROT,
Illustrés par MM. Tony Johannot, Baron, C. Nanteuil et Français.
Un volume grand in-8. — Prix : 10 fr.

ÉCRIVAINS ET POÈTES DE L'ALLEMAGNE
Par HENRI BLAZE, 1 vol. in-18, format anglais. — Prix : 3 fr. 50 c.

BLUETTES ET BOUTADES
Par J. PETIT-SENN, avec un Avant-Propos de M. LOUIS REYBAUD.
Un vol. in-18, format anglais. — Prix : 3 fr. 50 c.

PORTRAITS LITTÉRAIRES
Par GUSTAVE PLANCHE, 2 vol. in-8. — Prix : 6 fr.

Imprimerie de E. Depee, à Sceaux (Seine).